知的生きかた文庫

最高のリーダーは、この「仮説」でチームを動かす

阿比留眞二

JN109338

三笠書房

はじめに

「仮説」を使って〝最短距離〟で結果を出す！

私は花王で二六年間、会社員として経験を積みました。その後、「課題解決コンサルタント」として独立し、活動しています。これまで、官公庁、ＩＴ、自動車、食品などさまざまな業界で、五〇〇〇人以上を指導してきました。

その経験から確信していることがあります。それは、

結果を出すリーダーは例外なく「仮説」を使ってチームを動かしている

ということです。

リーダーが自ら立てた仮説にもとづいてマネジメントを行なえば、日々の仕事は

驚くほどシンプルに、スムーズになります。チームとして「やるべきこと」、そして「やらざるべきこと」が明確になるので、「無理」「無駄」な仕事に手を出すことがなくなるのです。

一方、仮説を持たないリーダーは、行き当たりばったりの行動をするため、成果を出せません。すべてがその場しのぎで、チームメンバーに負担をかけます。

つまり、「仮説を持っているかどうか」が、複雑化する現代社会で成果を出せるかどうかの分かれ目になるのです。

「仮説」でチームがまとまる

花王でも、「仮説を使う」という意識が徹底されていました。実は大ヒット商品の「アタック」も仮説から生まれました。

当時の開発チームのリーダーが、「今までの家庭用洗濯洗剤はパッケージが大きすぎるのではないか――」という仮説を立てたのです。

その仮説にもとづき、チーム一丸となって商品開発に取り組んだ結果生まれたのが、スプーン一杯の少量で洗濯ができるアタックでした。一回の洗濯に使う量が少なくなったことで、商品自体もコンパクト化しました。持ち運びしやすく、家にも置いておきやすいということで大ヒットになったのです。

この大ヒットで、花王はライバルとの差を大きく引き離しました。

コストや安全性など、他にもさまざまな要素があるなかで、シンプルに「大きさ」一つに絞ったからこそ、これまでにない商品が生まれたのです。

私は開発チームのリーダーの姿を見て、**仮説を使ってチームを一つにまとめれば、成果に直結する「本当に大切なこと」だけに集中できる**のだと学びました。

花王で開発された「課題解決メソッド」

成果に直結する仮説をつくるのに有効なのが、**「課題解決メソッド」**です。

課題解決メソッドは、私が花王の社員教育部門にいたときにチームで開発したものです。自分やチームの課題を見つけ、それを解決する方法を導き出すためのメソッドです。

よく「問題解決」という言葉も使われていますが、「課題」と「問題」は明確な違いがあります。

たとえば、あなたが働いている会社で「人材が定着しない」という事態が起こっているとします。これはあなたやあなたのチームにとっての問題でもありますが、会社全体や他部署の問題でもあります。

一方で、課題とは、その問題を解決するために、あなたやあなたのチームがやるべきことです。つまり、目の前の問題を一段自分事に引き寄せたものが課題なのです。

リーダーは、自分やチームにとっての課題は何か、そしてその課題をどうすれば解決できるのかという仮説を立てていく必要があります。

ただし、難しく考える必要はありません。本書でご紹介する**課題解決メソッドを使えば、三つのステップで誰でも仮説を立てられるようになります。**

「チームを動かす」ために知っておくべきこと

一つ覚えておいてほしいのは、仮説を立てることは決してゴールではないということです。

仮説を部下にどう伝えるのかも大切ですし、実際に仮説通りに進んでいるのかも検証していく必要があります。日々、微調整を繰り返しながら、少しずつ改善していくのが基本なのです。

本書では、仮説の立て方に加えて、部下への伝え方や、検証の仕方など、仮説でチームを動かすための全プロセスを網羅してご紹介していきます。

・「あれもこれも」ではなく「一つ」に
・「いきなり情報収集」はNG
・「これからどうなる?」と問いかけよ

・会議を「仮説検証」の場にする
・一ヶ月後、一年後、一〇年後を思い描く

……など、どれも仮説を使ったマネジメントをするうえで押さえておいてほしいことばかりです。

研修や講演などでリーダーたちと接していて感じるのは、彼らの悩みはかなり深刻だということです。

変化の激しい現代では、数年後、もっといえば数ヶ月後には全く違う状況になっているかもしれず、リーダーは「何をしたらよいのかわからない状態」に陥ってしまっています。

リーダーの迷いが部下にも伝染し、結局、先のことを考えるのをやめてしまい、ひたすら目の前の仕事をこなすことに躍起になっているのです。

行き当たりばったりの仕事に危機感を覚えているリーダーは多いことでしょう。
そういうリーダーは、ぜひ本書のメソッド、思考法を活用して、「先を見通した仕事」ができるチームをつくっていってください。

阿比留眞二

目次

1章 最高のリーダーは、「シンプルな仮説」を持つ

2章 一流のリーダーの、「課題解決」思考

3章 できるリーダーの、チームを成長させる検証力

4章

結果を出すリーダーは、「この一言」で人を動かす

5章

伸びるリーダーの、仕事のビジョンを描く技術

編集協力／森下裕士
本文ＤＴＰ・図版作成／株式会社Ｓｕｎ Ｆｕｅｒｚａ

1章

最高のリーダーは、「シンプルな仮説」を持つ

優れたリーダーは「仮説」を持っている

成果を出せるリーダーと、成果を出せないリーダーには大きな違いがあります。それは、「仮説」を持っているかどうかです。優れたリーダーは例外なく、自ら仮説を立て、それをベースにマネジメントを行なっています。

仮説を立てる力は、リーダーシップの発揮と目標の達成を求められるリーダーにはとても重要な力となるのです。

「意思決定の出発点は仮説。まず意見を持つのを奨励し、次に現実の検証を求めよ」

マネジメントという概念を発明した経営学者、ピーター・ドラッカーはこう述べています。

ビジネスにはどんな場面でも有効な戦略、戦術というものはありません。

つまり、その場その場で、「こうすればこうなる」「こうなったときにはこうする」ということを、明確にしていかなければならないのです。それができるリーダーは、部下を不安にさせることなく、「前進していくチーム」をつくりあげられます。

仮説＝自分なりの成功イメージ

わかりやすくいえば、仮説とは「自分なりの成功のイメージ」です。

仕事における成功のイメージというのは、さまざまな要素が絡み合ってつくりあげられます。

円滑にチームを動かす、メンバー一人ひとりの力を発揮させる、目標までの道筋を考える……というようにいろいろな要素があります。

リーダーは、それぞれの方針を明確に示さなくてはなりません。現場の最前線では、本当の意味での「仕事の見える化」が求められるのです。

私は当然、自分勝手な成功のイメージを押しつければいいといっているわけではありません。チームメンバー各々の能力や成功のイメージをすくいあげて、それをあなたの仮説に反映させる必要があります。

そして、自分だけではなく、チーム全員がイメージを共有できる仮説をつくっていくことが大切です。

あなたのチームが最大の成果をあげられるように、そして、チームが円滑に動いていけるように、仮説を立てられる人こそが、優れたリーダーなのです。

本書では、リーダーの地位にある人、今後リーダーとして活躍したい人のために、チームを動かす「仮説のつくり方」についてお話ししていきます。

「やるべきこと」を明確に

「仮説を立てる」というと、たくさんの情報を集め、複雑なものをつくりあげなくてはならないと思う人もいることでしょう。

しかし、必ずしもそうではありません。チームのメンバーとうまくコミュニケーションを取りながら一緒になって仮説をつくっていくと、驚くほどシンプルで効果的な仮説ができあがります。

「現状はどうなのか」「どこに課題があるのか」などと、チーム内の聞き取りをしていくことで、「無理」「無駄」が明確になり、やるべきことだけが浮かびあがってきます。こうした仮説を提案すると、部下は心理的な抵抗感もなく、スムーズに行動に移ることができます。

花王の大ヒット商品はどうやって生まれたのか？

「はじめに」でも簡単にご紹介しましたが、私が花王にいたときにヒットした商品で、今でも強く記憶に残っているものがあります。

それが、洗濯洗剤の「アタック」です。

この商品が発売されたとき、私は山梨の販売所で経理の責任者をしていました。販売の部署にいたわけではないのですが、スーパーマーケットに陳列するのを手伝いに行ったことを覚えています。

アタックという商品は、今までになかったコンパクト洗剤でした。

当時は、一箱四・一キロの洗剤が主流で、箱のサイズが大きかったのですが、アタックは一箱一・五キロまでコンパクト化したのです。

宣伝の効果ももちろんあったと思いますが、商品自体がコンパクトで、さらにスプーン一杯の少量で洗濯ができるというのが受けました。洗濯洗剤で、ここまでコンパクトなものはなかったので、インパクトが強かったのです。

「あれもこれも」ではなく「一つ」に

それまでの四・一キロの洗剤は、家庭用としては大きすぎたのです。家に置いておくのに、場所を取ってしまっていました。

しかし、一・五キロのアタックは、ちょっとしたスペースがあれば置いておけます。場所を取らず、邪魔になりません。

また、女性が大きな洗剤をスーパーで買って持って帰るのは大変でしたが、アタックは軽いので、持ち運びしやすいという利点もありました。

置いておくのも、買って帰るのも楽だということで大ヒットになりました。

また、会社にとっても、サイズが小さくなった分、物流と保管の面でコストがかからなくなりました。

消費者、会社双方にとって、まさにwin-winの関係をつくる商品でした。

大ヒット商品アタックが生まれたのは、当時の開発チームのリーダーに明確な仮説があったからです。

その仮説とは「今までの家庭用洗濯洗剤はパッケージが大きすぎるのではないか――」というものでした。この仮説にもとづき、チーム一丸となって商品開発を進めたのです。

商品のサイズを小さくするには、一回の洗濯に必要な洗剤の量を少なくしなくてはなりません。

そこで、このリーダーはチームメンバーに「洗浄力の強い洗剤をつくる」ことを指示しました。彼らの努力の結果生まれたのが、それまでより半分以下のサイズで販売できる洗剤だったというわけです。

もしこのとき、「今までの家庭用洗濯洗剤は高すぎる」という仮説を立てていたら、生まれるのは「大きさはそのままで、これまでより低価格の商品」だったでしょう。これだとアタックほどの大ヒットにはならなかったのではないかと思います。

この成功で、花王はライバルとの差を大きく引き離しました。

価格や大きさ、知名度など、消費者が商品を選ぶポイントはいくつも考えられます。しかし、すべてを追いかけるのではなく、一つの要素に絞って仮説を立てたことが成功につながったのです。

「場当たり仕事」になっていないか?

仮説を立てるメリットは、チームが一丸となって前進できることだけではありません。先に少し触れましたが、無理と無駄がなくなって、その分、仕事が速くなり、生産性が上がります。余計なことに手を出さず、やるべきことに集中できるようになるので、仕事の質が上がるのです。

また、進む方向が明確なので、余計な情報に振り回されることもなくなります。余計な情報をシャットアウトし、必要な情報のみで、仕事を組み立てることができるのです。

仮説を持っているというのは、自分なりのゴールが見えているということです。「これをやったら、こうなるはずだ。だからまずこれをやろう」

このように、「次にやること」が明確なので、迷いがなくなります。

「こうなりたい」というイメージがあれば、そのためにどうすればいいのかという疑問が湧いてくるので、自然と仕事全体を俯瞰できるようになるのです。リーダーには、そういう将来を見据えた仕事を行なうことが求められます。

とはいえ、ビジネスの世界には、学生時代のテストのように確実な正解はないので、そう単純にいかないだろうと思う人もいることでしょう。

たしかに、自分の思い通りにいくかどうかはわかりません。

しかし、仮説を持たずに、場当たり的な仕事をしたり、思いつきで部下を動かしたりしていたら、時間も労力も浪費してしまうことになります。確実な正解がないからこそ、仮説にもとづいて仕事を進めていくことが必要なのです。

「どこが問題か」が見えてくる

仮説を持つメリットはまだあります。この線で進んでいたけれど、どうやら思うようにいかなそうだ。ゴールはあそこだけれど、途中でつまずいている。そんなときに、じゃあここを変えていこうというように、軌道修正がしやすく、アクシデントにも対応できるのです。

こうやって細かな軌道修正を重ねていけば、大きな失敗を犯さなくてすみます。

一方、行き当たりばったりなリーダーだと、方向性が間違っていることに気づかず、判明したときには取り返しのつかない状況だったということも起こりえます。

想定と違った場合もすぐに気づいて修正できるので、リスクを抑えた仕事ができるようになるわけです。

どこでつまずいているのか、どこが間違っているのか、これを明確にできるのが仮説を持つメリットです。

「トライアンドエラー」を繰り返せ！

ところが、多くのリーダーは、うまくいかなかった時点で目標達成をあきらめ、挫折を繰り返します。これでは、いつまで経ってもゴールに到達することができません。

大切なのは、予測と違うことが起きた段階で、仮説を修正して、精度をどんどん高めていくことなのです。

そうすることで、心理的消耗と無駄な動きがなくなり、仕事をスムーズに進めることにつながります。

仮説を立てる、予測と違う、また仮説を立てる、予測と違う、さらに仮説を立てる……という循環にしていくのです。

軌道修正しながら、泥くさく進むことでしか、ゴールは見えてきません。リーダーはこの努力を惜しんではいけないのです。

仮説は修正しても、ゴールは変えない

前項で、仮説はどんどん修正していくことに意味があるとお話ししました。

では、それにしたがって、ゴールも動かしていったほうがいいのでしょうか。

このゴールを達成すると決めた。しかし、実際に動き出してみると計画通りいかないことが出てきた。

その場合、ゴールはそのままにして違う方法で進むのか、それともちょっとずつゴールをずらしていくのがいいのか。

私は、基本的に仮説を修正することはあっても、ゴールを変えるのは避けたほうがいいと思っています。

なぜなら、ゴールを変えることは、しばしば自分の目標を下げてしまうことにつ

「仮説」と「目標」の関係

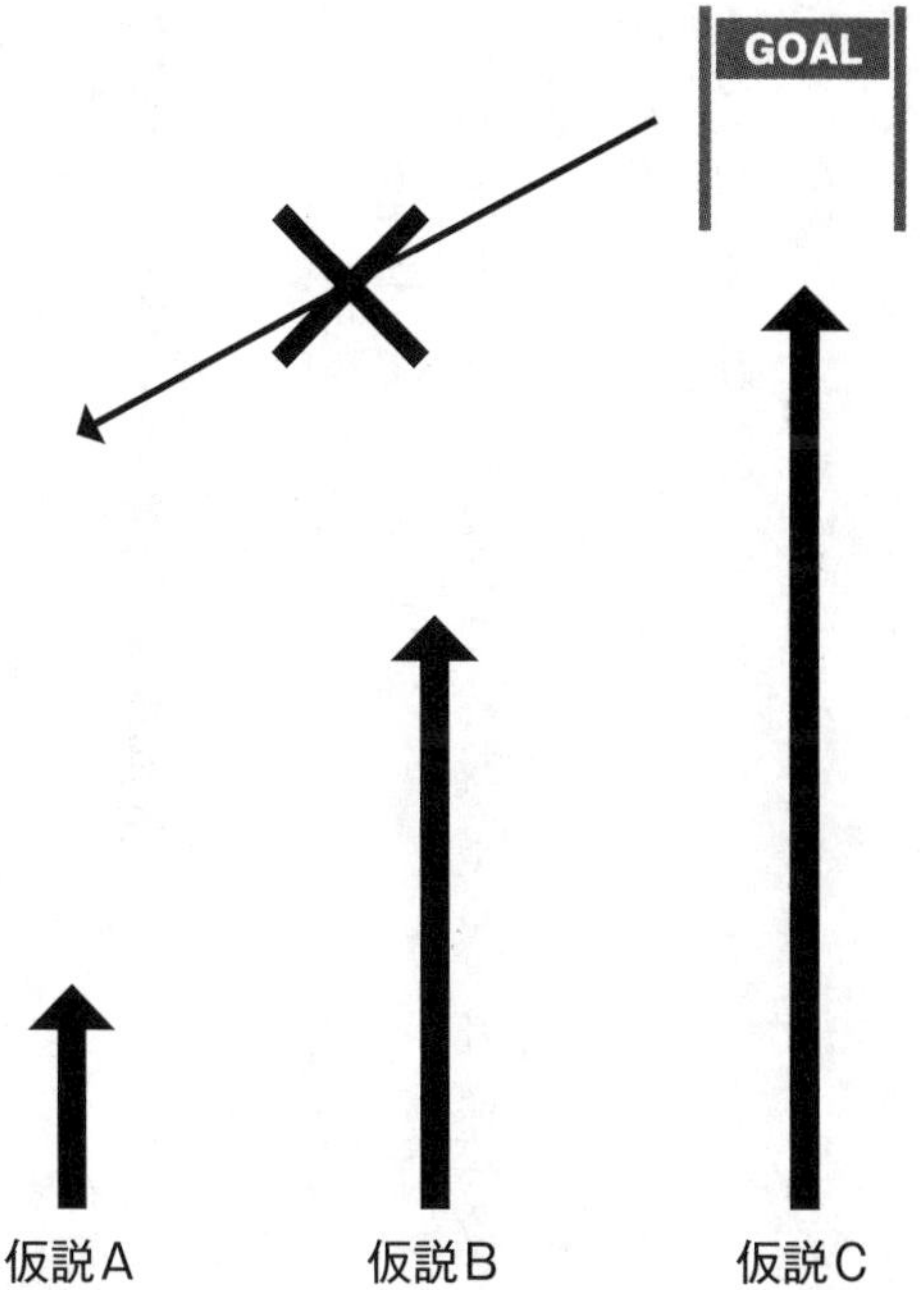

仮説は修正しても、ゴールは変更しない

ながるからです。これは、悪い意味で、仕事を楽にしているといえます。
それでは、残念ながら成長がないですし、大きな成果は生まれません。

「チャレンジ」がチームを成長させる

やはり、仕事の醍醐味はチャレンジにあり。チャレンジをしなくなれば、当然、前進のエネルギーも下がってしまいます。

計画通りにいかないときは、仮説を立て直し、少しでも目標達成に近づくように試行錯誤を重ねます。

たとえ、目標が達成できなかったとしても、あきらめずにチャレンジした経験が、仮説を立てる力を養ってくれるのです。

目標を下げないために、ゴールは動かさないこと。これは、リーダーである自分にとっても、チームメンバーの部下にとっても、大切なことです。

ゴールにたどり着くには、チームの良好な人間関係、一人ひとりの高いモチベーション、売上を立てる戦略、適切なスケジュール観……が必要になりますが、これらすべてに仮説は役立ちます。

現実の仕事には、不確定要素というものが必ずありますが、どんな状況でも最適解を浮かびあがらせるために、仮説は必要なのです。

複雑化する世の中で結果を出すために

チームを動かす仮説を立てるためには、どんな情報を、どうやって集めるかがポイントになります。

目の前の情報をすべて生かそうとすると、仕事は複雑化します。現代は変化のスピードが速いので、どんどん新たな情報が集まってきますが、それに影響されて方針をころころ変えていては、部下の信頼を勝ち取れません。

必要な情報をピンポイントで集めることを徹底するのです。マネジャークラスが情報を使いこなすには、情報の真偽や重要度などを見極める目を持たなくてはなりません。

そういった点にまで気をつけなければ、チームはいい方向に向かいません。情報に振り回されていって、何から始めればいいのかがわからなくなります。いわゆる情報カオスの状態です。そうならないために、必要最低限の情報を使って、自分の頭で考えることが必要です。

仮説の精度を高める情報だけを仕入れることが大切なのです。

「いきなり情報収集」はNG

成果を出そうとするときに、まず情報を集めようとするリーダーがいます。リスクを回避したいという思いにとらわれるからでしょう。

しかし、いきなり情報を収集するのは得策ではありません。

まずは、全体を見ることが大切です。どういった道筋で成果を得るのか、ということを考えます。

つまり、仕事を俯瞰して見る力が大切なのです。

俯瞰することで、全体のなかで今どこにいるのかを明確にしないと、どういった情報が必要なのかがわかりません。

フレッシュネスバーガー創業者の栗原幹雄《みきお》氏は、

「リサーチはあくまで仮説検証のために使う。つまり、すでにつくりたい商品が頭のなかにある状態で行なう」

と述べています。

とにかく成功事例を集めよう、とにかく業界の売上の推移を調べよう……。

これでは、あまり意味がありません。やはり今、自分は全体のどの地点にいるのか、どの部分の情報が不足しているのか、ということを知らなければ有効な手は打てません。

ジグソーパズルを完成させるようなイメージを持つことです。

どの部分のピースが欠けているのかを知ることが重要です。たった一つのピースを見つければいいのに、その部分以外のピースをたくさん集めても意味がないのです。

仮説が先、情報収集はあと

全体を見ながら情報を収集することで、最終的な成果にいたるのに必要な情報だけをピンポイントで集めることができるようになります。

なので、正しい順番は仮説が先、情報収集があとです。

まずゴールを決めてから情報を集めることが鉄則です。

パズルの穴を埋めることにあたるのが情報収集であり、欠けているピースを見つけるために情報を集める意識が必要です。

情報を捨てるために仮説を立てるくらいの気持ちを持ってみてください。

リーダーはやるべきことだけに集中するために、多くのものを捨てなければなりません。

しかし、人間は心情的になかなか捨てられないものです。

では、捨てるためにはどんな方法があるのでしょうか。

「仮説」と「情報収集」の関係

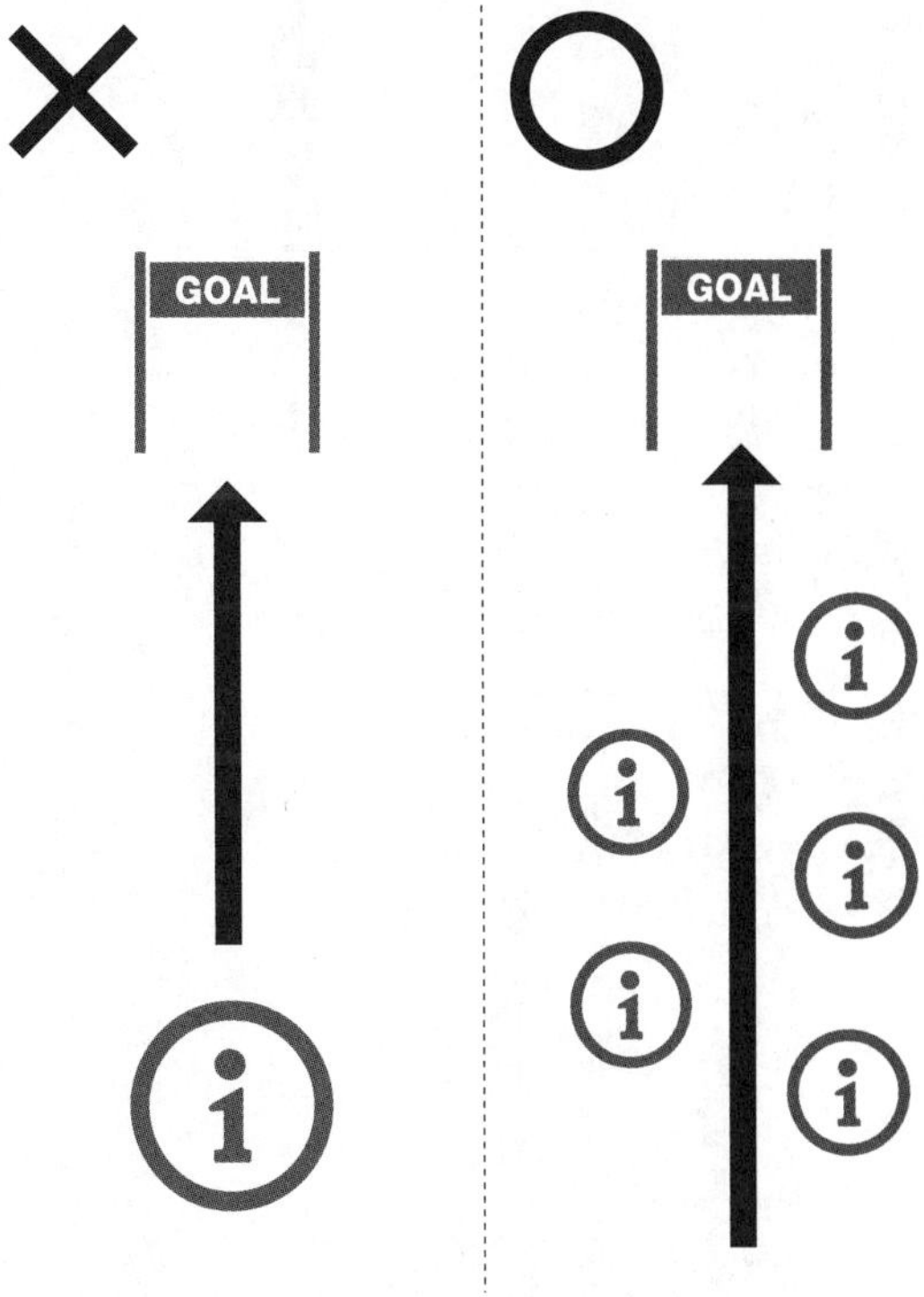

仮説を立ててから情報を集める

それは、今取り組んでいる仕事に対して自分なりのストーリー、筋道をつくることです。「そのストーリーにおいて必要なものは何なのか」という視点を持つのです。

そうすることで、今この情報はいらないな、などと判断できるのです。

「判断基準」三つのポイント

私たちは、情報は多いほうがいいという勘違いをしています。

たしかに現代では、いくらでも情報を集めることができます。人から得られる情報の他に、新聞や書籍、ニュースサイトなど、集める手段は非常に多岐にわたっています。

しかし、そこから集められる情報は本当にすべて必要なのでしょうか。混乱を引き起こす原因になってはいないでしょうか。

本当に信頼できる情報は、それほど多くありません。

あなたのストーリーに沿った情報を選ぶには、選択基準が必要です。

私自身は以下の三つを基準に情報を選別しています。

一つ目は、ニュースソースが信頼できること。

二つ目は、エビデンスがあり客観的であるもの。

三つ目は、データに嘘がなく、恣意性が含まれていないこと。

これらを最低限の基準とすれば、情報に惑わされることはなくなるでしょう。

例外もありますが、この三条件に当てはまらないものは、基本的に不要な情報だと考えてください。

出どころがわからない、嘘やデマに惑わされてはいけません。不要な情報はどんどん削っていくべきです。

「媒体」も要チェック

前項の三条件の一つ目「ニュースソースが信頼できるか」を見極めるには、常日頃から、どの媒体が信頼できるのかを意識しておく必要があります。

SNSなどに書かれている情報の扱いは難しいものです。こういった情報は出どころがはっきりしないので、ビジネスの場で活用することは控えるべきです。

新聞は校閲記者が内容のチェックをしているので、信頼できる情報の部類に入るといえます。しかし、各社、思想的にバイアスがかかった記事を発信しているので、その点には注意しましょう。

雑誌は正確さより、話題性を重視する傾向にあります。最近世間をにぎわしている芸能関係のスクープ記事などはその最たるものでしょう。ビジネス系の雑誌はある程度信頼度は高いですが、きちんと裏づけがある記事なのかはチェックしたほうがいいでしょう。

書籍は新聞同様、校正者によって内容がチェックされているので、情報は確かでしょう。ただし、著者自身の考え方が色濃く反映されているので、それに引きずられないようにする必要があります。

テレビやネットニュースは起こった出来事をいち早く知るという点では優れています。しかし、時間が経つと新たな事実が明らかになることもあるので、あくまで最新情報に触れるためのツールだと考えておいてください。

「信頼できる人」を見定める

メディアからの情報収集も有用ですが、やはり、人から直接聞く情報の価値を忘れてはいけません。

しかし、なかには誰かから聞いた情報をさも直接自分が仕入れてきたかのように話したり、間違った情報を伝えたりしてくる人もいます。誰の情報を聞いて、誰の情報は聞かない、という基準は決めておくべきです。

メディアからでも人からでも、信頼できる情報源であるかが大切なのです。

部下からの情報であっても、「それは君の意見なのか、それとも客観的な情報なのか、はっきり教えてくれ」と聞くべきです。その点を明確にしておかないと、物事を正しく判断できません。

データは「印象操作」に要注意

また、データや調査結果を含んだ情報は要注意です。

これらの情報は、意図的に印象を操作することが可能だからです。

たとえば、棒グラフをつくる際に、グラフの途中を波線でカットすれば、グラフの伸びが大きくなります。たとえ数パーセントの微増であっても、激増しているかのような印象を与えることができるのです。これは売上が大きく伸びているように見せたいときなどに使われるテクニックです。

要するに、ある部分を強調したいがために、見せ方を工夫することが可能なのです。そして、その逆で、ある部分を見えなくするための工夫もできるのです。

こういったデータは、数字や調査の概要を確認し、意図的に見せ方を操作されていないかを確認することが大切です。この確認を怠ると、見当違いな情報を集めることになります。

一流は「失敗」を予測する

現代は変化が激しく、先も読めないといわれます。しかしリーダーには、チームが前進していく際に何が起こるのかを予測する力が必要です。これはある意味、先見性ともいえるでしょう。その力は、仮説を立てることで身についていきます。

リーダーが感じ取らなくてはいけないものは何か。

それは、失敗の予感です。チームが致命的な状況に陥らないように、どこがうまくいかなそうなのかを事前に予測しておかなくてはなりません。

30ページでも述べたように、成果を出せないリーダーは、失敗からチームを崩壊させていきますが、優秀なリーダーは、失敗を最小限のダメージに抑え、前進し続ける力を持っています。

仕事には、どうしても困難やリスクがつきまとうので、修正、改善しながら成果を得ていくしかないのです。

仮説さえ立てて準備しておけば、「ここでこういうことが起きたらこうすればいい」という対応策を事前に用意できます。

リーダーは仮説を立てることで、「これをやったら絶対に失敗する」ということを事前に避けていかなくてはいけないのです。

予想できないリーダーはメンバーを消耗させる

先見性がないリーダーは残念ながらチームをうまく動かせません。先見性がないということは、行き当たりばったりの仕事しかできないということだからです。目の前の仕事だけを回していく。これでは、成果は出ませんし、現状維持でしかありません。変化のスピードが速い現代では現状維持は退歩につながります。

事前に、将来何が起きるかを自分なりに考えて、予測し、行動を起こすのと、何かあってから動くのとでは、成果は大きく変わるのです。先々のことを考えられないのは、リーダーにとって致命傷になりかねません。

リーダーに先見性があれば、チームは成長していくのです。部下が目の前の仕事に一生懸命取り組んでいるときに、将来のことを考えておく。それがリーダーの大事な仕事なのです。

「半歩先」を目指せ

先見性は必要ですが、一歩先を行くことは危険です。半歩先を行くことを目指しましょう。半歩先を行く仮説は成功を生みますが、一歩先の仮説をつくると失敗します。誰にも受け入れられない可能性が高いからです。

一歩先とは、〇から一を生み出す仮説であり、半歩先は一を二や一〇にしていくイメージだと捉えてください。

たしかに、〇から一を生み出すことは大切です。しかし、これは才能と運を必要とし、大変なエネルギーを要します。

それに、せっかくつくった仮説も、部下たちにとっては論理が飛躍しているように感じられ、理解してもらえないこともあります。

大きく発想を転換させるのではなく、今動かない部分を動くようにチューニングしていくイメージで仮説をつくりましょう。

ほんの少し変えることで、今まで動かなかった歯車が動き出すのです。

大きくではなく、細かく

たとえば、商品開発に関する仮説を立てるときには、新たな大ヒット商品をつくるのではなく、既存の商品の改良版をつくるようにしたほうがいいのです。

大ヒットに越したことはないのですが、まずは、じわじわ売れることを目標にするのです。

自己啓発書などでは、「目標はチャレンジングであるほどいい」と説かれがちですが、現実には一気にドンと成果が出ることは稀です。こうした幸運は、ビジネスパーソン人生でも一、二度しかないでしょう。

そして何より、目標を高くしすぎると、リーダーはよくても、メンバーがついてこられないのです。成果は、部下が自ら考え動くことで生まれるということを忘れないようにしましょう。

最高の仮説力を持っていた名リーダー

私は、仮説によってチームを動かし、大きな成果を出した名リーダーとして、セブン&アイ・ホールディングス元CEOの鈴木敏文《としふみ》氏をいつも思い起こします。最後はクーデターのような形で経営職を退きましたが、そこまでの鈴木氏の働きを見ると、やはり最高峰のリーダーであったと私は感じています。そして、彼のリーダーシップのベースになっていたのが仮説でした。

鈴木氏は、常に自分なりの仮説を考え続けていました。「どの店で何がどのくらい売れたのか」ということを常に確認、把握し、仮説を立てて、実行し続けていたのです。

鈴木氏は、部下にも同じことを求めていました。成果を出した担当者に直接電話し、「今日、○個売れたよね。どうしてだと思う?」と問いかけていたのだそうです。担当者はトップから突然電話がかかってくるのでとても驚いたはずですが、仮説を立てる力を養ういいトレーニングになっていたのではないかと思います。

そして鈴木氏は、担当者から「○○という理由で売れたのだと思います」と「売れた秘訣」を聞き出し、それを次なる戦略に組み込み、実行していきました。

さらには、その成功事例を社内にできるだけ広く、早くアナウンスしていたそうです。つまり、成功の型を自分の仮説に組み込みつつ、多くの人にその型を教えて実践者を増やしていったのです。

この担当者は一〇個売ったけれど、この担当者は一個しか売れなかった。成功の型はこれで、失敗の型はこれといった具合に、結果を検証し、仮説をつくりあげていったのです。

このように、優れたリーダーは、仮説を使って、部下を動かし、成果を出せるチーム、組織をつくりあげていきます。

花王の〝理屈っぽさ〟

花王にも、リーダーは仮説を持っていなければならないという意識が浸透していました。

私が花王に勤めていたとき、本部主催の地区検討会が実施されていました。チーフマネジャーが自分のチームの実績を報告し、これからチーム全体でどんな取り組みをしていくかを発表するのです。

幹部が一堂に会するので、この発表の場は大変緊張を強いられるものでした。しかし、この発表が本部に認められれば、発表した内容をすぐに実行できるというメリットもありました。

発表が終わると、幹部からさまざまな指摘があるわけですが、この指摘に対してきちんと答えられる人と、うまく答えられない人がいました。

その違いは「仮説を持っているか」どうかにありました。

たとえば、ある営業のマネジャーが「A地区に新たな拠点をつくり、重点的に営業活動をする」ことを提案したことがありました。すると、幹部から「A地区にはスーパーやドラッグストアが少ない。新拠点をつくっても成果にはつながらないのではないか」と指摘されました。

マネジャーはすぐに「A地区は都市開発計画が進んでいて、二、三年後には人口が急増することが予想されています。それに伴い、小売店も新規出店していくはずです。今のうちに営業活動の拠点をつくっておけば、他社に先んじて、売場を確保できます」と答えました。

この仮説が認められ、マネジャーは新拠点の責任者に就任。そこから右肩上がりの成果をあげていきました。

逆に、どんなに効果が出そうな実行プランであっても、仮説が伴っていないものはほとんど評価されませんでした。

このような「まずは仮説」という姿勢は業界内でもよく知られていて、「花王は理屈っぽい」とよくいわれていました。

花王がここまで成長したのは、地区検討会のような、仮説にもとづいた実行プランを社員に提案させ、それを全社的に共有する場を設けていたからだと思います。リーダーもメンバーも同じ方向を向いて前進していたのです。

仮説にもとづいた課題を提案し、解決していくことが大きな成果を生むのです。

大きなストーリーを描くための仮説

私はチームメンバーが自ら動き出すようなストーリーを提示できる人こそがリーダーにふさわしいと考えています。しかし日本では、そうした能力があるかどうかを見ずに、結果を残しているプレイヤーをそのまま昇格させ、リーダーにしてしまうことが多いものです。

しかし、元・名プレイヤーのリーダーは、部下をうまく動かせないものです。なぜなら、誰もが自分と同レベルの仕事ができると思ってしまうからです。

たとえば、私が研修先で接したリーダーに、間違ったストーリーを描いていることで、マネジメントがうまくいっていない人がいました。

営業職の課長だったのですが、「部下が指示通りに動いてくれない」という悩みを抱えていました。

詳しく聞いてみると、「私がこうやれといっているのに、部下は少しも実行せずに、自分はこの仕事に向いていないと訴えてくる」というのです。

「私のようにやれ」といってはいけない

彼の問題点は「自分がプレイヤーだったときと同じことをするのを部下に求めている」ところです。

つまり、「私のやり方に間違いはない」というわけです。

彼はもともと優秀なプレイヤーでした。営業成績は抜群で、それを評価されて課長に昇進しました。

彼が描いているストーリーは、次のようなものです。

営業の仕事はとにかくたくさんのアポイントメントを取ることが大切だ。外回りなら一日五件は回って、関係づくりをしなくてはならない。そうやって数をこなしているうちに、力がついてきて、成約率も上がっていく。結果、目標も達成できるようになり、上司や会社から評価される人材になれる。

一見、シンプルで合理的に見えますが、実行するのはなかなか大変です。営業経験が浅い人は、まず一日五件のアポを取るのに苦労するでしょう。たとえ取れたとしても、資料の準備や提案内容の確認などに時間がかかり、とても五件分も対応することができません。

課長が思い描いていたのはまさに自分自身の能力を基準としたストーリーです。チームのメンバー全員が実行できるものではありません。

彼は「私のようにやらなければならない」ということを、常日頃から熱心に部下に対していっていたのです。

部下はそれを聞いてうんざりし、心を閉ざしていました。これでは、部下が動いてくれません。

上司の期待に応えられないことで自信をなくし、「この仕事は向いていないんだ」と考えるようになっていたのです。

部下の「納得度」を高める

私は彼に「部下個人の能力や性格を踏まえて、一人ひとりに合ったストーリーをつくっていく」ことを提案しました。これまで、画一的なマネジメントしかしてこなかった分、かなり苦労はあったようですが、「チームをよくしたい」という一心で熱心に取り組んでくれました。

彼は、メンバー全員と面談をし、チームの目標と部下のビジョンをすり合わせて、納得度の高いストーリーをつくっていったのです。

その結果、部下は伸び伸びと仕事に取り組めるようになりました。今では、上司が細かく指示を出さなくても自分からどんどん動いて、成果を出してくれるまでになっています。

この課長のように、部下それぞれにストーリーを提示できれば、チームは変わります。「自分のやり方」を押しつけているリーダーは、方針を転換し、メンバー一人ひとりに合ったマネジメントをするように、意識してみてください。

結局、部下が動いてなんぼの世界

私はコンサルタントとして、メーカーから官公庁まで、さまざまな現場を見てきましたが、業種に関係なく、結果を出せないリーダーは、やはり仮説力を持っていないケースがほとんどでした。

部下は、上司から何を求められているのかがわからずに動けないのです。そして、結果を出すまでの過程をすべて自分で考えなければならないから、効率が悪かったり、動けなくなったりします。

大まかな道筋とゴールを示す。しかし、やり方は自分で考えさせる。こういう指導が部下にとっては一番動きやすいのです。

やることが明確で、自分なりの裁量もあるので、アイデアもモチベーションも湧くでしょう。

リーダーの仕事の肝は、部下を動かすことなのです。

自分一人でチーム全体の仕事ができるのならいいのですが、そんなことは不可能です。

部下と一緒になって大きな仕事に取り組むからこそ、自分一人では達成できないような成果を出せるのです。

部下をいかに動かすか。これがどんなリーダーにも共通するテーマなのです。

チームを「上昇気流」に乗せる

仮説を使ってマネジメントをすると、部下が動き出す。

私は、仮説を立てられるようになったことで、みるみる変化を遂げていったリーダーを数多く見てきました。

チームをうまく動かせるというのは、日々の仕事がやりやすくなるだけではなく、もっと大きな効果をもたらしてくれます。

チームの目標達成、メンバー同士の信頼感の醸成、会社からの評価アップ……。結果を出すために必要な要素がどんどん満たされていくのです。

そして、経験を積み、成果をあげることでさらに仮説力が磨かれていきます。この好循環が、さらにチームを上昇気流に乗せていくのです。

リーダーを信じてついてきてくれる部下たちに「このチームに入ってよかった。この会社に入ってよかった」と思ってもらえるよう、「仮説」を立てられるリーダーを目指してください。

2章

一流のリーダーの、「課題解決」思考

「シンプルな仮説」が成功を生む

仕事をシンプルにするために役立つのが「仮説」です。取り組むべきことを必要最小限に絞れるので、無駄がなくなるのです。

長野県に、伊那食品工業という会社があります。この会社は寒天を製造しているメーカーで、国内トップシェアを誇っています。

この会社の最高顧問を務める塚越寛氏は、仮説を使った経営で成功を収めています。

とにかくやっていることに無理や無駄がないのです。常日頃からシンプルに仕事ができないかと考えています。なんと、その噂を聞きつけたトヨタの幹部が、塚越氏に直接話を聞きに来るほどです。

当然、会社の利益も右肩上がりを続けています。

そういう会社なので、社員たちも皆、仮説を使って仕事をしています。上司に指示されたことだけをやるのではなく、自分で考えて動ける人ばかりです。

塚越氏はそういう社員たちと連動して、シンプルな会社経営を行なっています。

「やらないこと」を決める

たとえば、この会社では仕入れの価格交渉をしないのだそうです。価格交渉は神経を使いますし、時間もかかります。塚越氏はこれを無駄と捉え、相手が提案してきた価格をそのまま受け入れるというルールをつくりました。

仕入れ先からものすごく高い価格を提示されるのではないかと心配になってしまいますが、この決断の裏には、ある仮説がありました。

もし、仕入れ先が価格を釣りあげたことで、伊那食品工業の経営が立ち行かなくなると、先方は大口の取引先を失います。価格の釣りあげは短期的に利益は出ますが、長期的に見ると、損をしてしまうのです。

塚越氏は「取引先とお互いにしっかり利益が出る関係を築けていれば、価格交渉をやめても無理をいってくることはない」という仮説を持っていたのです。

交渉をやめてすぐのときは、高い価格を持ちかけられることもあったようですが、しばらく言い値で支払っていると、仮説通り、適正価格を提示されるようになったそうです。

その結果、これまで価格交渉に費やしていた時間と労力を別のところに割けるようになったので、新商品の開発など、企業としての強みを伸ばす部門に投資することができるようになりました。

仮説を持たないリーダーは、塚越氏のような思いきった決断はできないでしょう。その決断によって、何が起こるかがわからないため、責任を取らなくてすむよう、現状維持を選択しがちだからです。

しかし、現代は変化のスピードがとても速くなっています。現状維持では、その変化についていけず、衰退の一途をたどるのみでしょう。

自分の会社やチームを発展させていくためにも、しっかり仮説を立てて、変えるべきところは変えていかなければならないのです。

精度の高い仮説が見つかる「課題解決メソッド」

それでは、リーダーはどんなふうに仮説を立てていけばいいのでしょうか。

ここからは、私が花王にいたときにチームで開発した「課題解決メソッド」を使って、精度の高い仮説を立てていく方法をご紹介していきます。

精度の高い仮説を立てるためには、まず「課題」を明確にする必要があります。その課題を解決するための道筋として仮説をつくるイメージです。課題がわかっていないと効果的な仮説が立てられないのです。

たとえば、私はよく研修で事前に何も説明せずに「仕事の課題を三つ出してください」と、お願いすることがあります。すると、課題自体はすんなりあげてもらえるのですが、そのまま仮説づくりに生かせるものはほとんどありません。

真の課題を見つけ、その原因を追究することで、はじめて筋のいい仮説も立てられるのです。

会社の「問題」と自分の「課題」

前項でもお伝えしたように、仮説は自分の「課題」を解決するためのものであり、「問題」を解決するためのものではありません。

どういうことかといえば、課題と問題には明確な違いがあるということです。

たとえば、あなたがあるサービス系の企業に勤めていたとして、会社が「顧客満足度を上げます」とうたっているのに、実際には毎日クレームの処理に追われているような場合。これは、あなたにとっての問題でもありますが会社全体の問題でもあります。

それに対して、課題とは、その問題を解決するために「あなた」がやるべきこと、できることです。「クレームが多い」という問題を解決するために、あなたが営業系のチームリーダーであれば、「商品説明をもっと丁寧に行なう」などが課題になります。リーダーは問題を自分事に落とし込んで課題にし、それを解決する仮説を

「問題」を「課題」に落とし込む

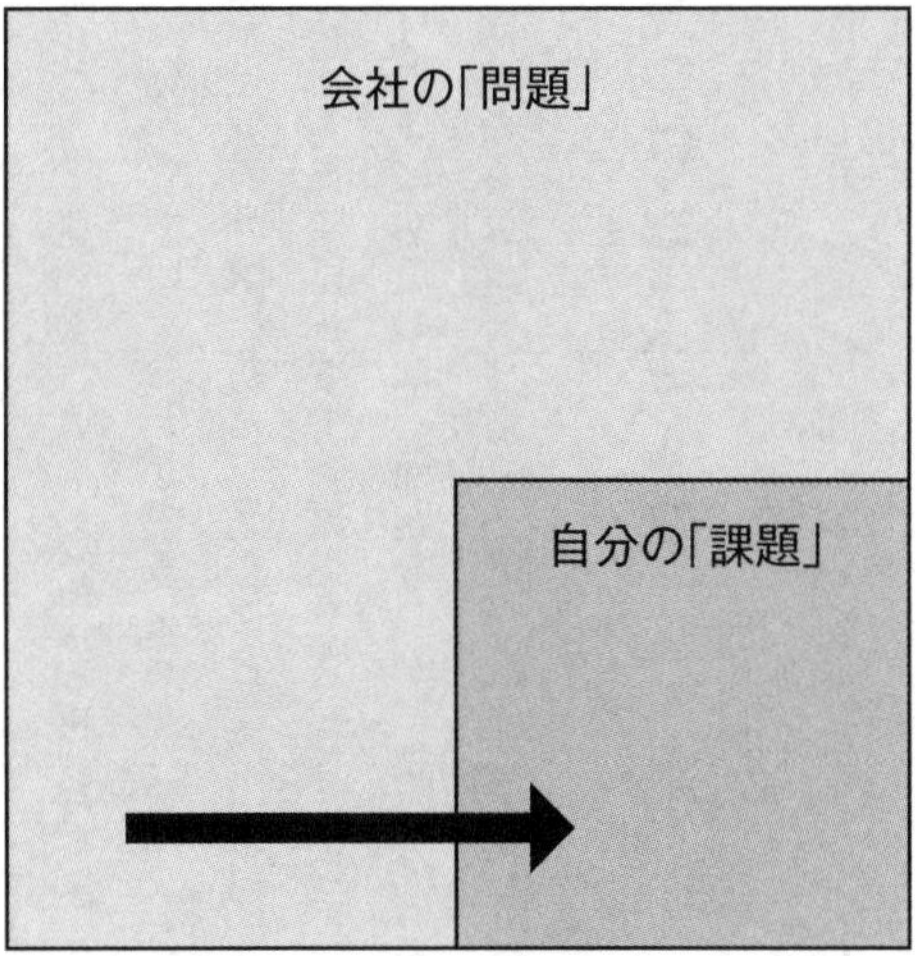

「自分事」に落とし込み、
それを解決する「仮説」を立てる

立てて実行していかなければなりません。

問題を課題に変化させられないリーダーは「自分が何をすればいいのか」、そして、「部下に何をやってもらえばいいのか」を認識できていないということなので、チームをうまく動かしていくことができません。

会社の問題を自分の課題に落とし込むことで、本当に解決しなければならないことが明確になり、実行に移しやすい仮説を立てられます。

今、自分の目の前にあるのは、問題なのか、課題なのかを明確にしてください。

もし、それが問題ならば、まず課題へと落とし込む一工程が必要です。

仮説を見つける三ステップ

課題を明らかにしたところで、いよいよ仮説の立て方を見ていきましょう。三つの簡単なステップを踏めば、効果的な仮説を立てられます。

ステップ一　課題をあげて、障壁となっている事象を整理する
ステップ二　「真のテーマ」を設定する
ステップ三　「Ｗｈｙ」を四回繰り返す

ステップ一　課題をあげて、障壁となっている事象を整理する

まずは、課題をあげます。あなたが営業部のリーダーなら、「顧客一人あたりの商品購入額を二割アップさせる」などです。

課題を明確にするのは「それ以外のことには手をつけない」ということでもあります。余計なことは考えず、とにかく課題を解決するために必要なことだけを実行していくのです。

次に、課題を解決するために、障壁となっている事象をあげます。

「顧客一人あたりの商品購入額を二割アップさせる」ために、障壁となっている事象をあげてみると、次のようになります。

・新規開拓ばかりで、顧客のリピート率が低い
・顧客のニーズに合った提案ができていない
・書類作成の際のミスが多い

ポイントは「客観的に」あげることです。主観的な思い込みはなるべく排除して考えます。

結果を出せないリーダーは、

・A君は仕事ができず、他のメンバーの足を引っ張っている

というように、主観的な思い込みをあげてしまいます。あくまで事実にもとづいた事象をあげなければなりません。

ステップ二 「真のテーマ」を設定する

次に、「真のテーマ」の設定を行ないます。
ステップ一であげた、課題解決の障壁となる事象のうち、最大だと思われるもの

を探します。

どれを選ぶべきか。最も現実的かつ直接的だと考えられるものです。

今回の場合、「書類作成の際のミスが多い」ではなく、「新規開拓ばかりで、顧客のリピート率が低い」か「顧客のニーズに合った提案ができていない」を選ぶべきです。どちらかが「真のテーマ」です。

ステップ三　「Why」を四回繰り返す

真のテーマに対して、「Why」を最低四回、繰り返します。詳しいやり方は79ページでご紹介しています。

なぜ、なぜ、なぜ……と繰り返していくことで、どんどん仮説を具体的にすることができます。

たとえば、「顧客のニーズに合った提案ができていない」が「真のテーマ」であったとして、それに対して、「Why」を四回繰り返すと、次のようになります。

【Ｗｈｙ一回目】「顧客への説明が不十分だから」
【Ｗｈｙ二回目】「新商品の情報を把握できていないから」
【Ｗｈｙ三回目】「新商品の情報が発売ぎりぎりまで回ってこないから」
【Ｗｈｙ四回目】「営業部門と開発部門の間で情報交換がほとんどないから」

全く予想もしなかったところに、原因が隠れていることがわかりました。
つまり、「顧客一人あたりの商品購入額を二割アップさせるためには、営業部門と開発部門の間で情報交換がほとんどないからではないか――」という仮説が立ったということです。

「解決法」の導き方

仮説を立てたら、それをどう解決するか、改善するかを考えていきましょう。
そのための、六つの発想法をご紹介します。これらを使えば、効果的な方法を考え出すことができるでしょう。

一　代用する
二　組み合わせる
三　適応させる
四　修正する
五　その他の使い方をする
六　並び替える

それぞれ解説しましょう。

一　代用する

代用することで解決策を導き出す方法です。単純に「代わりに何かを使って」解決できないかを考えます。

この何かというのは、ものでも、お金でも、システムでも、人でもいい。何かしらを代わりに使ってみるということです。

たとえば、

「営業部門と開発部門の間で情報交換がほとんどない」

↓「新商品の情報は書類ではなく、会議の場で直接共有する」

というように考えてみるのです。

この方法は、すでにあるもので代用できるので、簡単に実践できるというメリットがあります。

何か代わりに使えるものはないか、という視点を持って考えてみてください。

二　組み合わせる

これは、何かと何かを組み合わせ、新たなものを生み出すという手法です。たとえば、ドラッグストア業界第三位のコスモス薬品は、医薬品以外に食料品を販売し、売上を伸ばしてきたことで有名です。

薬の市場と食品の市場を組み合わせて売上を得ているのです。また、食品を販売することで、薬が必要ない人にも足を運んでもらい、集客につなげています。

この方法を使えば、

「営業部門と開発部門の間で情報交換がほとんどない」

↓「営業のついでに、顧客のニーズを聞き出し、新商品開発に生かす」

などがパッと思いつくはずです。これは、従来の「商品営業」に「ニーズ調査」を組み合わせているので、より仕事の価値を高める効果が期待できます。

まずはたくさん書き出してみて、そのなかから組み合わせてうまくいくものはあるか、という手順で考えてみると、思いがけないアイデアが浮かんできます。

三　適応させる

「アイデアが何も思いつかない……」というときに、使い勝手がいいのが、適応させるという方法です。

たとえば、成功事例をそのまま自分の状況に当てはめるのです。

この方法を利用すると、

「営業部門と開発部門の間で情報交換がほとんどない」

↓「他部署でうまくいっている情報交換の方法を取り入れる」

のようになります。

この方法では、すでにある成功事例を当てはめていくので、失敗の可能性を下げることができます。

また、誰かに説明するときにも、実例をあげながら伝えられるので、イメージを共有しやすいというメリットもあります。

四　修正する

単純ですが、現状を修正してみるというのも効果的です。

「営業部門と開発部門の間で情報交換がほとんどない」

↓「開発部門から情報を得たときはメンバー全員で共有する」

このような修正をしていくだけでも改善に向かう可能性はあります。

なぜなら、現状をよりよくするということは、部署のメンバー誰もが考えていることでもあるからです。メンバーと一緒に考えるのもいいでしょう。リーダーの視点では思いつかないようなアイデアが出てくるかもしれません。

五　その他の使い方をする

皆さんが使っているふせんですが、これは面白い発想から生まれました。実験に失敗して生まれた、力の弱い接着剤を「はがせるメモ紙」として商品化したことがはじまりなのだそうです。

このように、他の使い方をしてみるというのも、解決策を考えるときの参考になります。ものだけではなく、人材配置においても有用な考え方です。

「営業部門と開発部門の間で情報交換がほとんどない」
↓「営業部門と開発部門の間で人材交流の制度をつくる」

こうすることで打開策が見つかることがあります。

行き詰まりを感じたら、一度発想をガラッと変えてみる。それによっていい方法が見えてくることがあるのです。

六　並び替える

結果がうまく出ないときに、物事の順番を変えると、すんなりうまくいくということがあります。

たとえば、クラウドファンディングは商品が完成する前にお金を払ってもらうという、通常の売り買いとは逆のモデルになっています。

この方法を使えば、

「営業部門と開発部門の間で情報交換がほとんどない」

↓「営業部門から開発部門へ情報を聞きに行く」

というように、順番を入れ替えることで、新たな効果を生むプロセスができあがることがあります。

突飛な発想はなかなか生まれませんし、効果的でないことが多いものです。もっと簡単に考えて、プロセスを並び替えるというのを試してみてください。

ご紹介した六つの発想法をうまく使いながら、「仮説→実行」の流れをつくって、よりよいチームをつくっていってください。

原因は「Why思考法」で突き止める

さて、仮説を立てるときのステップ三で「Whyを四回繰り返す」というものがありましたが、これは、仮説を立てるときのみならず、「原因追究」や「部下指導」などにおいても、リーダーにとって大変重要な思考プロセスです。

ただ、残念ながら多くの人は「Why思考」が苦手です。

Why思考をすると、理屈っぽい、面倒くさい奴だ、というレッテルを貼られることが多く、この思考を使いづらい状況にあるからです。

しかし、成功している会社は、原因追究を大切にしています。よく知られているのはトヨタでしょう。トヨタでは「Whyを五回繰り返す」というルールが徹底されています。

たとえば、自動車工場のラインで、なんらかの不具合が起きたとき、担当者のミスで終わりにするのではなく、「Ｗｈｙ」を五回繰り返し、仕組みやマニュアルにまで踏み込んで原因を探っていくのです。

トヨタでは、ヒューマンエラーが起きやすい部分を徹底的に改善していき、独自の現場ノウハウを完成させたのです。

このような優れた思考法を、私たちも仕事に生かさない手はありません。

多くの会社でも問題が起こったときに、原因の追究は行なっているでしょう。でもそれは、「人」を原因だと考えてしまいがちです。

もっと根本的な原因があるにもかかわらず、あくまで「注意不足」「確認不足」といった、ミスをした個人に問題があったと結論づけてしまうのです。

「原因は注意不足、確認不足でした。今後は気をつけましょう」と呼びかけるだけでは、絶対にミスはなくなりません。真の対策とは、誰が、いつやっても同じ結果が出るようにしていくことなのです。

「人のせい」にしても何も解決しない

なぜ、トヨタのように、効果的な原因追究ができないのか。

それは、人のせいにしたほうが、上司にとって楽だからです。ミスした本人に始末書を書かせたり、他の仕事に配置転換させたりすれば、一応の対策をとったことになります。上司の責任が問われることもありません。

しかし、今ではそういうことはできません。

ミスをしたからといって過度なペナルティを課すことはできませんし、個人に責任を押しつける上司や会社を見て、転職を考える人も出てくるでしょう。

だからこそ、リーダーはＷｈｙ思考で、根本的な原因追究をする必要があるのです。

急成長を続けている星野リゾートでは「ミスを憎んで、人を憎まず」というキャッチフレーズが唱えられていますが、これはまさに「真の原因を追究しよう」という姿勢の表れでしょう。

思考を促す「問いかけ」をする

問題が発生したときはもちろん、日々の仕事を改善していくときにもＷｈｙ思考は役立ちます。

その際に、意識しておいてほしいのは、Ｗｈｙ思考で見えてきた改善点にリーダー自身がきちんと向き合うことです。

Ｗｈｙ思考をすると、自分自身やチームのうまくいっていない現状が浮かびあがってくるので、その都度ちょっとした苦しみがあります。しかし、これから目を背けていては、チームの改善にはつながりません。

ここで注意しておきたいのは、原因を人に押しつけないこと。もし、特定の人に問題があるという点が明らかになっても、もう一度「Ｗｈｙ」を繰り返して、「どうしてその人の仕事に問題があるのか」を深掘りして考えるのです。

私は、花王の社員時代、部下にもＷｈｙ思考を促していました。たとえば、プレ

「真の原因」にたどり着くために

「なぜ？」を繰り返し思考を深掘りさせる

ゼンのときは、Ｗｈｙ思考を身につけてもらういい機会です。

プレゼンを聞いて、「いいね、なかなかわかりやすいね。でも、五分ほど時間をオーバーしてしまったのはなぜだろう？」と、相手に尋ねながら、Ｗｈｙ思考を促すのです。上司から改善点を提案するのではなく、あくまで部下自身に考えさせることがポイントです。

こうやって日々の仕事のなかで「なぜ？」「どうして？」と問いかけるようにしておくと、自分で仮説を立て、動き出す部下になっていきます。

「Ｗｈｙ」を何回繰り返すか？

正確な原因追究を行なうためには、トヨタのように何度も「Ｗｈｙ」を繰り返す必要があります。私はクライアント先の会社に対して、開発や製造などの技術系の仕事では五回、それ以外の仕事では四回「Ｗｈｙ」と問いかけることをすすめています。

技術系の場合、仕事のプロセスや仕組みが複雑なので、五回ぐらい深掘りしないと真の原因にたどり着けないことが多いのです。それ以外の仕事では、四回ほど繰り返せば十分でしょう。

ただし、どちらの場合も、数にこだわりすぎる必要はありません。原因追究が不十分だと感じたなら、納得いくまで「Ｗｈｙ」を繰り返していきましょう。チームがうまく回っていないときには、Ｗｈｙ思考が威力を発揮します。

「伝えにくいこと」の伝え方

原因をしっかり考えてもらうためには、部下の気持ちの部分もフォローすることが大切です。失敗をした部下の立場から考えてみると、原因追究は自分の失敗と向き合うことになるので、つらい思いをするはずです。

そこで、一番いいのは、自分の失敗談を伝えながら、リーダーが部下と一緒に考えていくことです。

「私もこんなことで失敗したんだけど、今回はなぜこうなったと思う?」というふうに共感を示しつつ、「Ｗｈｙ」を促していくのです。

「君の問題はこうだ。君のここが悪いんだよ」と、一方的な言い方をしても、相手は聞き入れづらく、問題の根本解決につながりません。

一度、自分の弱さ、失敗例を出してみる。そうすると、部下もこの人は人間的につき合えると思ってくれるので、一緒に原因を追究してくれるようになります。

どんなに正しく必要なことだったとしても、相手の人間性を無視した物言いは受け入れてもらえません。

「私も君と同じような問題で悩んだことがある」などと、部下の感情面にも配慮できるのが優れたリーダーです。相手を追い詰めるのではなく、ロジカルに話し合える雰囲気をつくりつつ、原因を追究することが大切です。

「真の原因」をあぶり出す

実際にＷｈｙ思考を使って原因を追究していく流れを見ていきます。

たとえば、ある販売店で「クレームを減らす」という課題があったとします。この課題に対して、「なぜ、クレームが減らないのか？」を考えてみると、「お客さまとトラブルになることが多いから」という原因が浮かびあがってきました。

しかし、この段階で終わってはいけません。これだと「トラブルにならないように気をつけましょう」という呼びかけで終わってしまいます。より深掘りしていくために、「Ｗｈｙ」を繰り返すのです。

そうすると、「店員によって、接客の仕方が違うから」という原因が出てきました。ここでさらに「なぜ、接客の仕方が違うのか？」を考えると、「接客の仕方を教わる機会がないから」という原因が出てきます。

最後にもう一度「Ｗｈｙ」を繰り返すと、「接客マニュアルがないから」という現状に行き着きました。

これこそが真の原因になります。「クレームを減らす」という課題に対して、「接客マニュアルがないから」というのは一見結びつかないように思えますが、「Ｗｈ y」を繰り返したからこそ、本当に取り組むべきことが見えてきたのです。

「一つ」に絞って考える

セミナーなどでWhy思考についてお話しすると、よく「原因がいくつも出てきて絞りきれない場合はどうしたらいいのか」と質問を受けます。

「なぜ?」と問いかけたときにいくつも原因が出てくる場合、まず、原因の候補をすべて書き出します。そして、そのなかから一番重要だと思うものを選んで深掘りしていくのです。

複数の原因を深掘りすると、改善すべき点もその分だけ出てきてしまうため、現場は混乱します。しかも、もし課題が解決したとしても、どれが真の原因だったかがわからないので、今後同じような課題が出てきたときに具体的な対策が立てられません。

「問いかけ」のコツ

仕事はなるべく「シンプルにする」ことが大切です。まず、一つの原因を深掘りして、改善策を実行する。それで効果が出なければ、また別の原因に対して「Ｗｈｙ」と問いかけていく……。こうした流れで進めていくべきなのです。

最初のうちは、どれが一番重要な原因なのかがわからないかもしれませんが、何度もやっていくうちに、自然と勘どころがつかめるようになっていきます。

私も花王時代、幾度となくＷｈｙ思考で原因追究をしていましたが、やればやるほど、重要な原因を選び出せる確率は上がっていきました。

精度の高い「Ｗｈｙ」を行なうためには、数をこなすしかありません。

リーダーは日頃から「なぜ？」と自分自身にも、部下にも問うことが大切です。

私のクライアント先である調剤薬局チェーンの社長は「なぜ？」と問いかけることを日常的にやっています。

その社長は普段、東京にいます。しかし、時間を惜しまず、東京以外の店舗も訪問しています。社長は訪問先で、社員たちに「うまくいっていることは何か、うまくいっていないことは何か、そしてそれはなぜなのか？」を聞いて回っています。そして、「〇〇の事業所ではこんなことをやっているみたいだよ」と、それとなく成功事例、失敗事例の共有をしています。

社員も社長から「Ｗｈｙ」を聞かれることがわかっているので、日々の仕事でも一生懸命頭を使います。その結果、あれこれと指示を出さなくても、自分から動き出す社員がどんどん増えてきているのです。

この社長のように、部下にとことん聞くという作業を惜しまないことです。それが、チームをうまく動かす秘訣なのです。

信頼される「上司の言葉」

また、問いかけだけでなく、ちょっとした声がけを積極的に行なうことは、部下と信頼関係をつくるうえでも役立ちます。

花王に入社してまだ数年の新米だった頃のことです。

私は、経営陣に経理関係の報告をすることになりました。はじめて任された大仕事で、寝る間も惜しんで入念に準備を重ねました。

しかし、いざ報告を始めると、時間がないからと早々に部屋を追い出されてしまったのです。私は、「あれだけ一生懸命準備したのに……」と、とても気分が下がりました。

ただ、少しすると、報告を聞いていた常務がわざわざ私がいるフロアに来てくれて、「しっかりやっているところは見ていたよ」とフォローしてくれました。

このとき私は、「期待してくれているんだな」とモチベーションを保つことができましたし、また頑張ろうと思えました。そして、常務への信頼感が増したことを覚えています。

このように、部下を気にかけているという姿勢を見せることがリーダーにとっては大切です。

「結果にいたる道筋」をイメージする

「原因と結果の法則」という有名な法則があります。単純にいってしまうと、結果には原因があり、その原因は、自分のなかにある思いに起因するというものです。ビジネス書や自己啓発書をよく読む人なら一度は聞いたことがある、王道の原則で、ビジネス成功のための絶対法則です。

これはなぜ、大事にされるのでしょうか。

私は、結果には必ず原因があるという原則を多くの人が忘れがちだからではないかと考えています。

仕事の結果というのは、いくつもの要因が複雑に絡み合って出てくるものなので、「なんだかよくわからないけれどうまくいった」ということもあるでしょう。しかし、その場合でも、結果に最も直結した要因があるはずです。それが原因なのです。

つまり、どういう結果を得たいのかが明確にあるならば、それに直結する原因もまた存在していることになります。

できるリーダーは、結果につながる原因をうまく見つけ出しています。「何をすれば、求めている結果につながるのか」がわかっているのです。

この視点を持っておくと、余計なことを考えずにすみますし、必要のない情報もわかるので、スムーズに結果に向かって突き進むことができます。

大雑把でも結果をイメージして、そこにいたる道筋さえつくれれば、仮説を立てるための情報収集は難しいことではなくなります。

結果にいたる道筋をイメージするのは、ビジネスパーソンなら当然だと思われるかもしれませんが、案外できていない人が多いものです。

結果をイメージして、そのために必要な情報のみを集める。これが優秀なリーダーの必須条件なのです。

まずは、細部まで詰めなくてもいいので、結果から大まかに逆算していくことを意識してみてください。

「目標達成」のための仮説

68ページの「課題解決メソッドを使った仮説の立て方」は、目の前の課題を解決するためのものでした。

一方、ここでは、目標達成のための仮説のつくり方をご紹介していきます。

ゴールをイメージして、そこにいたるまでに必要な要素を書き出してみると、雑多なものを含めて、さまざまなものが並ぶはずです。それらを整理し、まとめていきます。

このとき、「フィッシュボーン（魚の骨）」と呼ばれるフレームワークを活用しましょう。

フィッシュボーンとは、特性要因図ともいわれ、あるテーマについて影響を及ぼす要因を系統立てて整理した図のことをいい、その図が魚の骨のように見えるためそう呼ばれます。

フィッシュボーンを使えば、目標達成のためにどんな「要素」があるのか、どういう「具体策」があるのかということを考えることができます。

97ページの図をご覧ください。

たとえば、あなたが新商品開発チームのリーダーで、「現代の家庭のニーズに合った洗濯洗剤を開発する」ことが目的だとします。まずは、一番太い背骨の右側にこの「目標」を記入します。

次に、中骨にあたる部分を考えます。今回は洗濯洗剤の開発なので、消費者が洗濯洗剤を選ぶときに、どんな「要素」を見ているかを書き出していきます。効果・価格・量・安全性などがパッと思い浮かぶはずです。それらを背骨から一本ずつ伸ばして記入していきます。

最後に、中骨の「要素」一つひとつに対し、消費者は何を求めているのかをあげていきます。これが「具体策」になります。

・効果↑生乾きでも臭いがない

・価格↑安価な詰め替え用がある
・量↑少ない量で洗濯できる
・安全性↑子どもの肌にもやさしい

そして、これらのなかからどのニーズを優先的に満たすべきかなどを決めたうえで開発に取り組めばいいのです。目標と要素、具体策が一目でわかるので、効果的な仮説を立てられます。

「イメージ」と「結果」の差がポイント

とにかくリーダーは、結果をイメージすることが重要だという意識を持たなくてはなりません。

脇道の小さなことにとらわれてしまうと、全体像が見えなくなり、何をすればいいのかがわからなくなります。

「フィッシュボーン」で考える

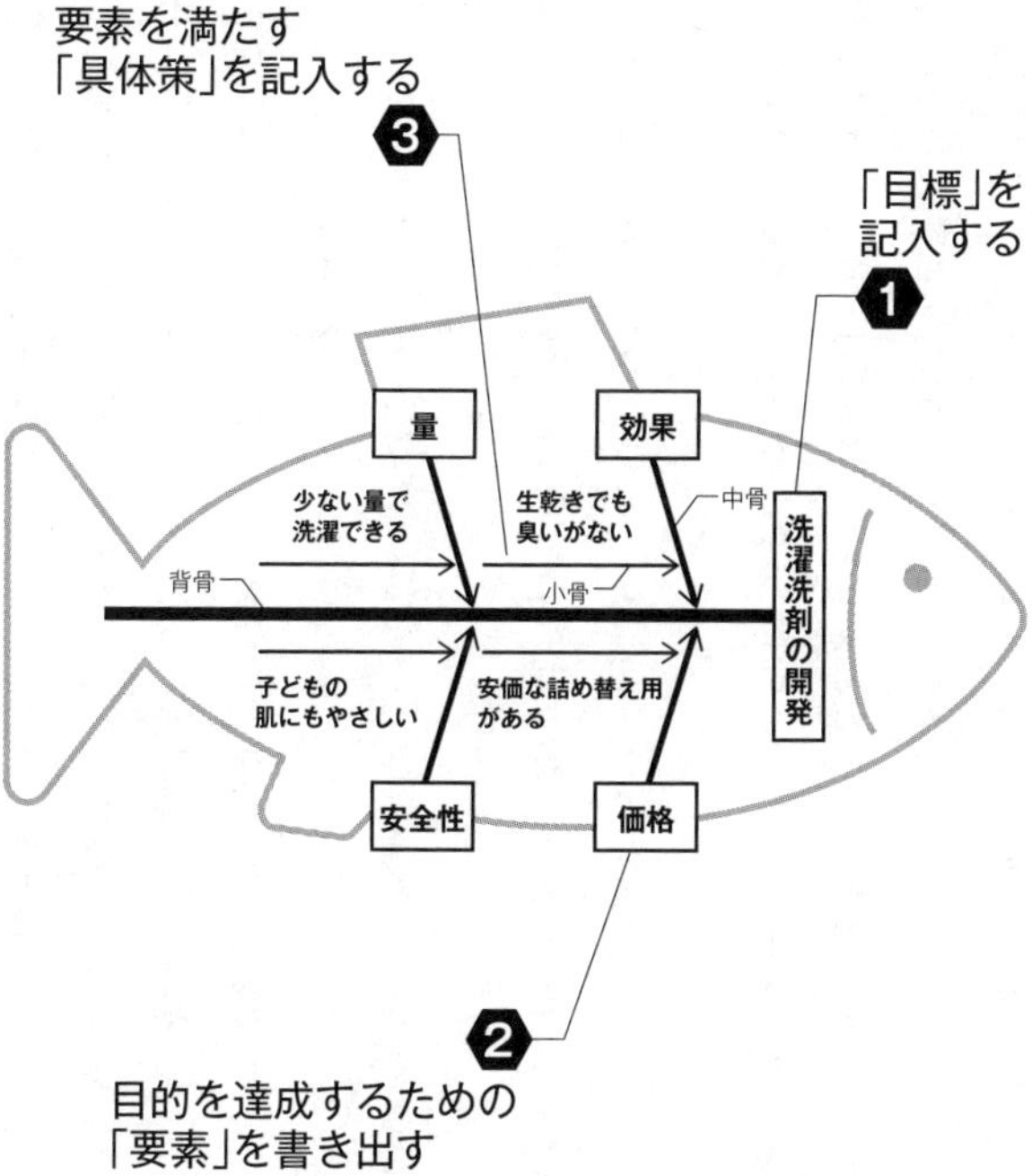

この罠にはまると、結果を出せないリーダーになってしまいます。

「○○という結果を得たい」という目的に対して、押さえるべき要素をあぶり出し、要素を満たす具体策はなんなのか、と考える習慣を持つべきです。

イメージした結果を実現するために必要なことを、より具体化していくことができるのが、優秀なリーダーです。

「こうしてこうなったら、こういうふうにする」というあらすじをきちんと考えておくべきです。

大きな結果をイメージしながら、そこにたどり着くために必要なことを考え、実行する。そして、結果が出たら、フィッシュボーンを見直して、自分の仮説の検証をしてみましょう。

実際にやってみると仮説通りにならないことがあった。イメージと現実の差は、なぜ生まれたのだろう。そこに、さらなる成功のヒントが隠れているのです。この視点を持てば、何を最優先すべきかも明確にわかってきます。

仮説検証の際には、いくつかポイントがあります。詳しくは3章でご説明していますので、参考にしてみてください。

リーダーに絶対必要なもの

ここまで、結果から考えることの重要性を述べてきましたが、こんな当たり前だと思われることを、なぜ、多くのリーダーができていないのでしょうか。

それは、想像力の欠如が原因です。実は、これがこうなったらこうなる、というイメージを思い描けない人は多いのです。

しかし、結果から考えることは、訓練をすれば誰もができるようになります。たとえ失敗しても、何度も繰り返すことで、想像力は高まっていきます。

想像力がつけばつくほど、仮説をつくるスピードも上がりますし、検証もスムーズになっていきます。多くの人は、業務のやり方に関しては指導されますが、こういった想像の仕方を教わることはありません。どう考えていいのかわからないという人がいても、責められない部分はあります。

しかし、リーダーになったのなら、想像する力がなければ結果を出せません。まずは、結果から考える重要性をしっかりと認識し、そのうえで仮説を立て、部下を動かしていくことです。

花王を変えた「想像力」

花王の社長が丸田芳郎《よしお》氏だった時代のことです。ある日、主力工場にトヨタの幹部が訪れました。当時の最先端をいく装置、設備、商品群にトヨタ幹部は感動してこういったそうです。

「花王石鹸は、もはや石鹸メーカーではありませんね」

この何気ない一言が、丸田社長の心を動かしました。「時代はこれから大きく変わる。花王も新たな挑戦が必要だ」と考えた丸田社長は、新規ブランドの「ソフィーナ」を立ちあげ、化粧品事業に進出するなど、事業の拡大に努めました。

社名も花王石鹸株式会社から花王株式会社へと変更し、日本を代表する化学メーカーへと育てあげました。

丸田社長は、高度経済成長を迎えた日本がこれからどう移り変わっていくのかを想像し、仮説を立てたうえで経営をしていたのです。

経営方針だけではなく、日々の仕事においても、想像力をいかんなく発揮していました。

「フィリピンからヤシ油を大きなタンカーで運んでいるが、その帰りは空っぽでもったいない。だったらその船内で石鹸をつくるのはどうか」

「大きなタンクに原料を流す際に、ホースで下から上へ送るのではなく、運搬車を一番上に運び、そこから流し込んだほうが早いし、無理がない」

このように柔軟な発想をする社長でした。後者の原料運搬の方法は今でも花王で使われています。

リーダーは、チームをよりよい方向に導くためにも、想像力を働かせることが重要なのです。

仮説力を高める「メディアトレーニング」

では、どういうトレーニングをすると想像力が高まるのでしょうか。

私がおすすめしたいのが、メディアを使ったトレーニング法です。

テレビでも、新聞でも、日々いろいろな情報が発信されています。その情報を使って「今後どうなっていくのか」を想像してみるのです。

たとえば、「世界的株価下落」のニュースを見て「今後、アメリカはどう動いてくるのか」「日本はどういう対応をするのか」と考えてみます。

これだけのことでも、やるかやらないかで想像力に相当な違いが生まれます。

アメリカの作家で生化学者でもあるアイザック・アシモフは、

「仮説は外の世界を知るための窓のようなもの。たまには磨いてやらないと、光が差し込まなくなってしまう」

と述べています。

仮説力を磨くためにも、日々の想像力トレーニングが必要です。何も政治のことでなくてもかまいません。スポーツでも芸能でもなんでもいいのです。自分の趣味や興味があることに関するニュースについて、多分こうなるよな、というシナリオを自分なりにつくってみればいいのです。

楽しみながらスキルアップ

トレーニングをやってみると、自分の想像したことと「ちょっとここが違ったな。ここまで読めなかったな」という違いが出てきます。予測できなかった部分がわかってくるので、スキルアップにつながります。

まずはスポーツの順位予想など、趣味の延長線上でやれるトレーニングから始めてみてください。

趣味や自分の好きなものに関連させてトレーニングすると、楽しみながら、心理的苦痛を感じることなくスキルアップができます。

続けていくうちに「あっ、これはもっとこういうふうに考えればよかった。この情報より重視すべき情報があったな」とわかっていくわけです。

このトレーニングを、継続的に行なっていくと、想像力が高まり、仮説を立てる力も伸びていきます。

3章

できるリーダーの、チームを成長させる検証力

「検証」で現状を把握せよ

リーダーは仮説を持ち、それをチームのメンバーに伝え、結果を得るために突き進まなくてはなりません。そんな仮説とセットでよく語られるのが「検証」です。ビジネス書などで「仮説検証」という言葉を目にしたことがある人も多いのではないでしょうか。

検証とは、現状を確認し、仮説が当たっているかどうかを見つめ直す作業だと考えてください。

ピーター・ドラッカーも、

「事業の定義は検証していかなければならない。石版の碑文ではない。仮説である。常に変化するもの、すなわち社会、市場、顧客、技術についての仮説である」

と述べ、仮説を検証していくことの重要性を説いています。

一〇〇パーセント仮説通りに仕事が進むということはまずありえません。必ず

「想定外」の事態が起こるはずです。最初に立てた仮説に固執することなく、現在の状況を見て、柔軟に仮説の修正や調整を行ない、課題を解決できるように動いていく必要があります。

現実から理想へ向かう途中に障壁があり、それを取り除かなければならないと気づくことに意味があるのです。

自分が立てた仮説通りに進んでいないときこそ、リーダーの腕の見せどころです。メンバーの知恵を借りながら、新たな仮説を立て直して、チームの方向性を示してください。

部下の私語をなくした私の仮説

花王での会社員時代に、山梨に勤務していたことがあります。

私は売掛金の管理などをする部署にいて、部員たちのマネジメントが主な仕事でした。

あるとき、部員たちの勤務中の私語が増えてきていることに気づきました。はじめは「今日だけかな」と思っていたのですが、数日間同じような状況が続き、これでは生産性が落ちてしまうと感じるようになりました。

しかし、ただ単純に私語をやめようといったところで、今までの習慣がなくなるとは思えません。何かいい方法はないかと考えました。

そこで私は、メンバーの一人、Aさんに働きかけることにしました。

彼女は部員から信頼され、他のメンバーから仕事のやり方についてもよく相談されているムードメーカーでした。

私は、Aさんに声をかけ、

「この部署は私語が多いので、仕事に皆が集中できていないように感じている。

もちろん、多少息抜きに話すぐらいはかまわないけれど、それ以外の時間は、集中できる環境をつくりたい。

あなたは、皆から信頼されていて、この部署のムードメーカーだ。

だから、まずあなたから、集中できる雰囲気をつくってほしい」

と伝えました。

具体的には、少し長い話になりそうなときは、相手を別の場所に連れていくことなどを頼みました。

私は、ムードメーカーで、周囲からの信頼も厚いAさんに働きかけることで、部署全体の雰囲気が変わっていくのではないかという仮説を立てたのです。

案の定、Aさんが私語を減らしたことで、他の部員の私語も少なくなっていきました。

部下一人ひとりに直接指導するよりも、影響力のある人に協力してもらうことで、チームがうまく回り出すこともあるのです。

会議を「仮説検証の場」にする

よくいわれますが、日本の会社の会議は時間がかかるだけで、結局何も決まらないことが多く、生産性の低さが問題視されています。

そうした「日本式会議」にしないために、私がご提案したいのは、会議を仮説検証の場にすることです。そうすれば、生産性もモチベーションも高められます。

たとえば、チームメンバーのＢ君が「営業目標を達成できていないのは、顧客からのクレーム対応に追われているからだ」という仮説を立て、クレームの減少に取り組んでいたとします。

その仮説の検証を会議の場で行なうのです。

取り組みの途中経過と、目標の達成度合いを発表してもらえば、仮説の検証ができます。

チェックすべきことは二つ。「解決策の妥当性」と「仮説の正しさ」です。Ｂ君の例でいえば、まず「クレームの減少のためにどのような取り組みをしていて、どんな効果をあげているか」を確認します。効果が出ていないようなら、「別の解決策」を考え、再度実行してもらいます。

効果が出ているようなら、「仮説の正しさ」について検討します。クレームが減少することで、実際にＢ君の営業の数字が改善しているかを見ていくのです。数字

会議でチェックすべき「二つのこと」

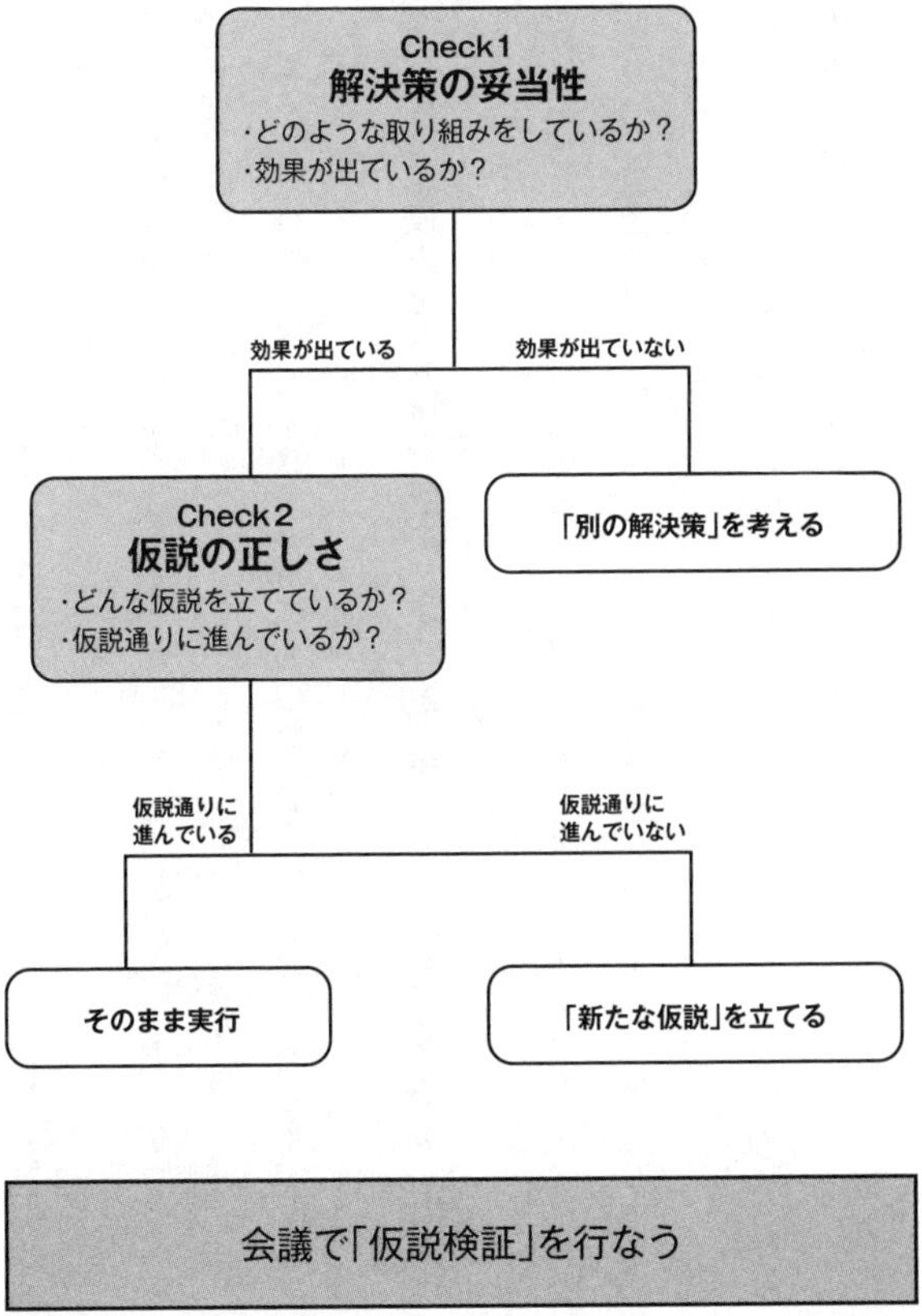

が改善していれば、「仮説は正しい」と考えることができます。B君にはそのまま、クレーム減少に努めてもらいます。

一方、クレームは減少しているのにもかかわらず、営業の数字がよくなっていないのなら、「仮説は間違っていた」ということになります。

この場合は「営業目標を達成できていないのはなぜか」をもう一度考え、仮説を立て直します。

B君には、新たな仮説をもとに、解決策を一緒に検討し、次回の会議までに実行してもらいます。

意味のない会議になる一番の原因は「会議中に何を決めるかを決めていないこと」です。なんとなく集まって、なんとなく報告して終わり、という無駄しかない場になってしまっているのです。

会議を仮説検証の場にすれば、目的が明確になりますし、新たな実行プランも検討できるので、生産性の高い会議になります。

「意見をいえる雰囲気」のつくり方

また、チーム全員で仮説検証をすることで、メンバーの仮説力を磨いていけるのも大きなメリットです。会議では、全員で仮説を検証していく雰囲気をつくるために、次のような、意見を出しやすくなるルールを設けるといいでしょう。

・否定的な意見はできるだけいわない
・誰でもいつでも発言していい
・意見を出すときに、他人の意見に相乗りしてもＯＫ

これらを意識しながら議論をすれば、より生産的な時間にすることができます。
そして、リーダーは、会議の最後に次は誰の仮説を検証するかを伝えてください。
指名された部下たちは自分なりの検証をしたうえで、次回の会議に参加することになります。より建設的な意見が集まる会議にすることができるでしょう。

また、会議は基本的に、月に一回、多くて二回程度に抑えましょう。

個別のミーティングは必要に応じてやればいいのですが、会議は全員の仕事を一度に止めてしまうので、少ないに越したことはありません。仮説の検証という点から考えても、あまりにも短期間では、結果が出ているかがわかりづらいので、ある程度の期間は空けたほうがいいと思います。

仮説検証のポイントとは?

会議で仮説を検証する際、リーダーは、誰から意見をもらうかを意識するべきです。具体的には、キャリアが長い部下とキャリアが浅い部下の両方から話を聞くようにしましょう。

キャリアが長い部下は、自分の経験に即して、実践的なアドバイスを出してくれるはずです。一方、キャリアが浅い部下は、固定観念にとらわれず、意外な視点からの意見を出してくれます。

一つの議題に対して、いろいろな立場の人から話を聞くことで、より多角的な視点から考えることができます。

「君はどう思う？」「ちょっと別の人の意見を聞こうか」などと、幅広い意見を集められるように、会議をファシリテートしていくのもリーダーの役目なのです。

花王の「自由な会議」

私が勤めていた頃の花王は、とにかく「自由な会議」をしていました。

大企業の会議というと、どうしても経営陣の方針を伝える場になりやすく、参加者は話を聞いているだけということが多いものです。

しかし花王では自由な発言が許されていたので、とにかく活発な会議でした。上司が一方的に話す会議など一回もありませんでした。

このように、自由な会議が行なわれていたのは、企業文化として「一人ひとりが責任を持って仕事をする」ということが定着していたからです。

キャリアがある人にはもちろん、新人にも信頼して仕事を任せる。だから、一人ひとりが責任感を持って仕事をしており、上司とか部下とか関係なしに、さまざまな意見を交わしていました。新人も積極的に発言していましたし、会議の雰囲気もすごくいいものだったことを記憶しています。

ホウレンソウの流儀

仮説は修正しながらよりよくしていく、というのは理解していただけたかと思います。

仮説を修正していくうえで、部下からのホウレンソウ（報告・連絡・相談）は非常に重要です。部下から情報を吸いあげることで、より多角的な視点から仮説を検証できるからです。

ホウレンソウは、山種証券（現ＳＭＢＣ日興証券）で社長を務めた山崎富治《とみじ》氏が社内キャンペーンで広めたといわれていて、今では社会人に必須のビジネススキルとして浸透しています。このホウレンソウを部下に実践させるうえで、覚えておいてほしいルールがあるのでご紹介しておきます。

まずは、どんなに忙しくても、「いつなら話を聞けるのかを伝えること」です。

リーダーは忙しいので、部下から話しかけられてもあと回しにしてしまいがちです。あと回しくらいならまだいいのですが、そのまま忘れてしまうことも少なくありません。

「今、忙しいんだ」としかいわないと、部下はいつ話しかけたらいいかわからず、だんだんとホウレンソウをしなくなってしまいます。部下から情報が上がってこなくなって一番困るのは間違いなく上司です。

部下の判断のみで仕事を進めた結果、何かトラブルが起こったとしたら、それは上司の責任になります。

そのような事態に陥らないためにも、上司は必ず「いつなら話を聞けるのか」を部下に伝えておきましょう。「毎週水曜日の九～一一時は部下のホウレンソウを聞く」とルール化してしまうのもおすすめです。

「メモ」に書かせる

また、忙しくてなかなか部下の話をゆっくり聞く時間がない場合は、メモでホウレンソウしてもらうのもいいでしょう。いきなり話を聞くのではなく、まずは上司に伝えたいことをメモにして渡してもらうのです。

こうすると、上司は時間の都合をつけやすくなりますし、考える時間も持てます。メモを見て、さらに情報がほしいときは、時間をつくって部下に直接ホウレンソウしてもらいます。概要は事前にメモを見て把握しているので、ホウレンソウもかなりスムーズに行なえるはずです。

私がマネジャー層を対象に研修をしていると、「部下が何をいいたいのかわからない」という悩みがよくあがります。

「取引先のA社と進行中の商談について」などという、具体的な話をなるべく短くまとめて話してほしいのに、いくつもの相談を一度にしてきたり、説明が要領を得なかったりして、アドバイスができないというのです。

この悩みを解決するのにも、ホウレンソウのメモ化が役立ちます。メモをつくる過程で、部下自身のなかでも「伝えたいこと」が整理されていくのです。

簡単にまとめると、なんの話なのか。これを部下に意識してもらうためにも、メモによるホウレンソウを導入してみてください。

とにかく「最優先」で対応すべきこと

しかし、例外ももちろんあります。トラブルが発生したときなどは、リーダー自らすぐに対応しなければなりません。

たとえば花王では「クレームはとにかく最優先で対応しなさい」と教えられていました。

つまり、部下はすぐさま上司に伝え、上司はすぐさま対応に動かなくてはいけないということです。

私自身、販売本部から電話があり、「得意先からクレームが来ているから、対応してほしい」といわれ、他の仕事をすべて放り出して相手のもとへ向かったことがあります。

こういった危機的状況のときに、ゆっくりメモを待っている余裕はありません。先方のところに向かいながら、部下に事情を聞き、具体策を考えなければなりません。とにかく、緊急事態にはホウレンソウのルールなど無視してでも対応しなければなりません。

「何かトラブルが起こったときには、真っ先に報告してくれ」と常日頃からリーダーが伝えておかなければならないのです。

「報連相」ではなく「連報相」

いうまでもなく、報告・連絡・相談はビジネスの場において、どれも大切です。

通常、ホウレンソウは、言葉の順番通り、「報告→連絡→相談」の順で行なうことが推奨されています。

しかし、ホウレンソウは、そもそも「ほうれん草」の語呂に合わせただけで、どの順番で行なえばいいかは考える必要があります。

私は、連絡を最初にするべきではないかと考えています。まず連絡、次に報告、最後に相談という流れが、仮説のために一番役立つからです。

つまり、レンホウソウが理想なのではないかと考えているわけです。

まず、上司が知るべきだと考えた情報は逐一「連絡」しておきます。そして、仕事に何か進展があったときには「報告」をします。今後どう進めればいいのか迷っているようなときには「相談」をします。

このように、「連絡→報告→相談」の順に重要度が高くなっていくのです。仮説という視点で考えると、連絡と報告は、上司自身の仮説の修正に役立て、相談は、部下の仮説を一緒になって検証していくというイメージです。

これからはホウレンソウではなく、レンホウソウをキーワードに、日々のマネジメントを行なってみてほしいと思います。

仮説をぶつけ合う機会をつくる

チーム内で仮説を語り合う雰囲気が出てくると、自然と議論が活発になります。

だからこそ、仮説をぶつけ合う場の設定もリーダーの大切な役目になります。

109ページでお伝えしたように、まずは会議の場で仮説について話してみるといいと思いますが、理想的なのは、ちょっとした会話のなかで自然と仮説を伝えられるようになることです。

慣れるまでは戸惑いもあるかもしれませんが、自由に伸び伸び仮説について話せる場があることで、チーム全体の仮説力、検証力を伸ばしていくことができます。

「この仮説について、君ならどう考える?」

このように、まずはリーダーが率先して、皆に問いかけながら、考えを深めていくことが重要です。

また、意図的に「私はこう思う。なぜなら○○だから」という話し方をすると、部下にも自然と「考え＋理由」で話す意識が浸透していくことでしょう。こういう意識が仮説を考えるうえでも役立ちます。

先輩の経験にもとづいた意見を聞ける。後輩の今までにない新鮮な意見も聞ける。これは、チームのメンバーにとって大きなメリットとなります。

楽しく、活発な議論を繰り返すことで、精度の高い仮説が見えてきて、チーム全体の成果が上がっていくのです。

「新たな気づき」が改善につながる

私が花王の社員教育部門にいたときの話です。

当時、花王では年一〇回程度、本部主催の新任チーフマネジャー研修が泊まり込みで行なわれていました。

研修では、美容・メイク実習、それから課題解決研修などがあります。

ある年の課題解決研修の際に、北陸のチーフマネジャーから「お店へのお客さまの立ち寄りが悪く、苦戦しています。どうしたらいいでしょうか」という悩みが寄せられました。

すると、他のチーフマネジャーから「私のところはこう工夫しています。あなたもやってみたらどうですか」などと、積極的な意見交換が行なわれました。

地区によって環境も文化も違うので、そのまま真似するのが難しい面はありますが、他地区のチーフマネジャーたちの姿勢は、彼女を大きく突き動かしました。

「これまでは、新しいお客さまをお店に呼ぶことしか頭になかった。ただ、他地区の事例を聞いて、リピーターを増やすほうがいい結果につながりやすいということに気づいた。この点を反省し、帰ったら接客のルールを一からつくり直したい」と考えに大きな変化が起こったのです。

その三ヶ月後、見事に変貌を遂げた彼女の姿がそこにありました。目標達成はもちろん、前年比一五〇パーセントの売上を達成したのです。これほど伸びた事例を私は知りません。

来店したお客さまの情報を社員間で共有し、積極的な声がけを行なうなどして、「常連客」を増やしていったのです。リピーターが増えたことで、店に活気が出てきて、新規のお客さまも増えていく、という好循環も生まれました。

また、定期的に来店してくれる人が増えたことで、売上のばらつきがなくなり、仕事の予測が立てやすくなりました。

彼女は、他地区のチーフマネジャーからの情報をもとに仮説を修正したことで、チームを立て直すことができたのです。

なぜ任せられる部下が育たないのか？

現場では、なんでもかんでも自分でやろうとするリーダーをよく見かけます。部下にやらせるより、自分でやったほうが早くて正確だと考えているからでしょう。

本来は部下に任せ、自発的に動いてもらいながら、チーム全体で成果をつくっていくべきなのですが、なかなか「部下を信頼して任せよう」と割りきって考えられないリーダーがいるのも事実です。

では、安心して任せられる部下とは、いったいどんな人のことを指すのでしょうか。

それは、チームの方針と、自分の役割をよく理解し、目標から逆算して、仕事のプロセスを組み立てられる部下です。こういう部下であれば、いちいち細かく指示を出さなくても、チームのためにいい仕事をしてくれるでしょう。

しかし、多くの部下は、いろいろな面が発展途上であり、一〇〇パーセント信頼して任せることはできません。

そこで重要なのは、部下が目標達成や課題解決のために仮説を立てたら、一度任せてみることです。そのうえでリーダーは、任せっぱなしにはせず、必ず途中経過を報告させ、一緒に仮説を修正していきます。

目標とのギャップはどうして生まれたのか。どうしたらいい方向へ軌道修正できるのか。これらを部下に問いかけながら考えていくことが大切です。

自分で仕事を抱え込んだり、部下にすべてを押しつけたりせずに、「あと一歩だ」と励ましながらともに前進できる人が優秀なリーダーだといえます。

このような姿勢が部下の心に火をつけ、成長へと導くのです。

チームの仕事を検証する

できるリーダーは、必ずチームの仕事を検証しています。メンバー個人の仕事を検証するのはもちろん、チーム全体の動きを検証しているのです。

期のはじめに、さまざまな課題や数値目標などが決定されます。リーダーはそれらを受けて、半期、四半期、月ごとの計画を立てていきます。

そして、その計画に沿ってチームの目標を設定し、仕事をメンバーそれぞれに割り振ります。

ベテランのメンバーであれば、これまでの経験があるので、自分のやるべきことが頭に浮かぶはずです。

しかし、経験の浅いメンバーは、ただ闇雲に動き回るか、もしくは動けないかのどちらかで、リーダーのイメージとは違う方向に進みがちです。

そういう部下には仕事のフォローが不可欠です。リーダーが実際に行なうマネジメントの配分を考えれば、ベテランと未熟なメンバーを三対七ぐらいでウエイトづけすることが理想です。

力が足りないメンバーとは、目標達成までの道のりを一緒に相談しながら考えていくことが必要です。

自分でどんどん動ける部下と、まだサポートが必要な部下を見極めて、チームの仕事を検証し、目標を達成していくのが優秀なリーダーなのです。

「結果が出ないとき」の対処法

このままのペースでいくと、今期の目標が達成できない……。リーダーとして一番焦るタイミングだと思います。私自身、目標の達成率がよくないときは非常につらい思いをしていました。

目標が未達になりそうなのであれば、何かしら対策を打たなくてはいけません。

メインでやることは、やはり、期待通りの成果を出せていない部下を、リーダーが助けることです。

逆に、成果を出している部下に、さらに高い目標を設定し、その人にチームの命運を託す方法も考えられますが、これは避けたほうがいいでしょう。「自分は結果を出しているのに、なんで他の人の分まで数字を出さなきゃいけないんだ」と、優秀な部下のモチベーションを下げてしまう恐れがあるからです。

間違っていたら原点に立ち返る

部下のサポートをして、チームを立て直していくのも大切ですが、目標から大きく遠ざかっているときには、もっと根本的なところを見直さなくてはいけない場合もあります。

あえて、原点に立ち返るのです。そうすれば活路が必ず見出せるはずです。

私が花王にいたときにも、原点に立ち返ることで難局を切り抜けたことがあります。

花王では一度、在庫の押し込み問題が発生しました。

化粧品の売上というのは、二種類あります。

一つが出荷ベースの売上です。要するに、工場で商品をつくって、それを販売店へ入れたときの売上です。

もう一つ、店頭売上というものがあります。実際に店頭で売れたときの売上です。

花王では、売上を出荷ベースで計上し、高い数字が出ているように見せかけていた時期がありました。工場でつくった商品をどんどん販売店へと出荷し、売上を水増ししていたのです。

たくさん販売店へ出荷したからといって、その分お客さまが買ってくれるというわけではないので、当然在庫が膨らみます。最終的に花王は四〇〇億円分もの商品を引き取ることになってしまいました。

ちょっと考えれば、店頭売上こそが大事だということは誰にでもわかることです。目先の売上をよくすることだけを考えていた結果、起きてしまった不祥事でした。

この事件をきっかけに、花王は方針を変えました。店頭売上を重視し、販売店での宣伝活動に注力することにしたのです。

つまり、お客さまに商品を買ってもらう努力をしようという原点に戻ったのです。接客とはどういうものだろうか。サービスとはどういうものだろうか。どうすれば、顧客満足度が高まるのか。

これらを最重視するように方向転換したのです。

出荷ベースの売上は考えず、売れた分だけ商品を補充するわけですから、身の丈に合った生産、出荷ができるようになります。

その結果、今まで悪かった会社の雰囲気が一気によくなっていきました。

社員も、本来努力すべきところに力を注ぐことができるようになり、どんどん自主的にアイデアを出して実行していくようになりました。

花王は、「消費者と顧客の立場に立つ」というそもそもの経営理念に立ち返り、会社を変えていきました。

私はこの経験から、混乱したときこそ原点に立ち返るべきだと学んだのです。

リーダーは、迷ったら原点に立ち返るというルールを自分のなかに持っておくようにしてください。

立ち止まり俯瞰することも大事

リーダーは時々、立ち止まって考えることも大切です。

うまくいかないときは立ち止まり、チームの動きを俯瞰しながら、方向転換することも必要です。

「なんでうまくいっていないのだろう」とじっくり考えることも大切なのです。

小さな違和感を感じ取り、さっとリカバリーできる人こそが優秀なリーダーです。

先ほどお伝えしたように、花王は急激に悪い方向へ流されていた現状のなかで、一度立ち止まり、方向転換したからこそ復活できたのです。

成果をほしがりすぎてしまうと、どうしても前へ前へと突き進みたくなりますが、そのせいで取り返しのつかない状況に陥ってしまっては意味がありません。一度立ち止まり、冷静に現状を把握できれば、おかしな方向へ突き進むことは避けられます。冷静になる瞬間がなければ、目の前のことしか見えなくなってしまいます。

必要に応じてチームにブレーキをかけることも、リーダーの大切な仕事なのです。

うまくいった理由を共有する

リーダーは常に、目標をどのくらい達成しているかを検証しなければなりません。六〇パーセントしか達成していないけれど、まあ頑張ったからいいかというのはもちろんNGです。

リーダーはしっかりと部下の結果を見なければならないのです。そこで重要なことは、うまくいった、いかなかった理由を明確にしておくことです。

うまくいったケースは他のメンバーにも活用してもらうことでチームのノウハウや知恵として蓄積させることができます。

また、うまくいかなかったケースに関しては、話し合いを重ね、メンバー全員で理由と別の手段を考えていきます。

これらを繰り返しているうちに、自然とチーム全体が一つの目標に対して真剣に向き合うことができるようになります。そして、課題が解決されていくのです。メンバー個々のケースを共有することで、チームの成熟度が増し、自分から考えて動けるチームになっていくのです。

「オープンな雰囲気」をつくる

うまくいかなかったケースを共有するときには、ちょっとした注意点があります。そのケースに関わった部下への配慮が必要になるのです。

仕事での失敗は、誰しも知られたくないでしょう。しかし、本人も同じ失敗を繰り返さないようにしたいと思っているはずです。「皆の知恵を借りて、次に備えよう」と一言添えておけば、心理的な抵抗感はかなり薄れるでしょう。

まずは、うまくいかなかった理由を素直に発表してもらいます。そのあと、他のメンバーから「どうすればよかったのか」をあげてもらいます。

オープンな意見を集めることが大切なので、新人もベテランも関係なく、気軽に話せる雰囲気にしていきましょう。

そういう雰囲気のほうが、発表する側もアドバイスを聞き入れやすくなります。

うまくいかなかった理由を明確にして、次回はうまくいくよう、対応策をチームのなかでつくっていく。

そういう「改善」のプロセスを行なえると、時代の変化にも対応できる強いチームになっていきます。

花王で学んだ「失敗学」

花王では、かつて「ホーミングパッド」という、家庭用の石鹸入りたわしを製造していたことがあります。

そのホーミングパッドの開発時の話です。

製造現場と経理部門、さらには研究所も一緒になり、品質は落とさずにいかにコストを下げるかというのを徹底的に議論しました。

経理部門のメンバーは、月に何度も現場を回り、議論を重ね、ついに一個一〇円という低い原価で製造することを可能にしました。

ただし、画期的な商品だったため、全国ネットでテレビCMを打ってしまえば、品切れを起こすことが明らかでした。まだ生産体制が整っておらず、需要に供給が追いつかないのです。

そのため、残念ながら「ホーミングパッド」の全国販売は延期となりました。ニーズが強い商品であることを理由に発売が延期になるとは驚きでしたが、これは花王にとっていい教訓となりました。

このように、順調に業績を伸ばしている花王でも、いろいろと失敗をしてきています。

ただ、失敗に対する対応の早さや、二度と失敗を繰り返さないための社内共有などが徹底されているからこそ、成長を続けてこられたのだと思います。

失敗を次に生かす

失敗は誰にとってもつきものです。部下はもちろん、上司でも失敗をしない人はいません。

大事なのは、失敗を生かすにはどうしたらいいかを考えることです。

アクサ生命保険の代表取締役社長の安渕聖司《やすぶちせいじ》氏は「大胆な仮説でトライしているか？」「ちゃんと失敗しているか？」の二つを常に意識しているそうです。

また、「大胆な仮説は失敗することが多いもの。だからこそ失敗をシステムに組み込むことが成功を導く」ともいっています。

安渕氏の言葉通り、仕事で成果を出すためには、トライアンドエラーを繰り返すことが必要不可欠です。失敗は決して恥ずかしいものではありません。

クロネコヤマトの生みの親である小倉昌男《まさお》氏も、「考えて考えて考え抜く。でもわからないことがある。その場合はやってみることである」と話しています。

重要なのは、仮説をつくって実行する、あるいは、途中経過をしっかりと見て、達成のために考え抜くことです。

埋めるべきは、目標と現状のギャップ。そのギャップはどうして生まれたのか。理由はさまざま考えられるでしょうが、その原因を追究し、仮説を立てて検証して再度実行に移すことが大事です。

「経験」がチームを強くする

では、失敗を自分の仮説に生かすには具体的にどうすればいいのでしょうか。それは、検証のときにできるだけ数多く理由をあげてみることです。

失敗した理由を考えるときにも仮説が役立ちます。

つまり、こうしたから失敗したのだろうということを、筋道立てて考えてみるのです。

成功した理由を追究する仮説はよく立てられますが、失敗した理由を追究する仮説はあまり立てられません。

失敗の理由を吟味することではじめて、修正点が浮かびあがってきます。そうしたら、そこを改善する案を考え、実行してみればいいのです。

修正点を見つけて対策をとり、トライアンドエラーを繰り返していってください。

4章

結果を出すリーダーは、
「この一言」で人を動かす

部下が動き出す「伝え方」

仮説を上手に伝えられる上司は、部下が動きやすい方向に導くことができます。

たとえば、最近取引先との商談がうまくいかずに、朝から暗い顔をしている部下C君がいるとします。それを見たリーダーはC君と会話を始めます。

「今日は、相手に会ったときに、いきなり商品提案の話を切り出さずに、五分くらいでいいから、雑談でもしてみたらどうかな」

「でも、今日は他の取引先とも会わなければならないので時間がありません。会社からも売上のことをいわれていますし、そんな余裕はありません」

「そうか、ただ導入の会話もなく、商品の提案をいきなり聞かされる相手はどう思うか考えてほしいんだ」

「はい、それは……」

「五分がダメなら二、三分でもいい。相手が興味のありそうな話をはじめに話してみてはどうだろう。たとえば、君は野球が好きだったよね。だったら、『甲子園が盛りあがっていますよね』くらいでいいんだよ。そんな話をする君を見て、きっと相手の表情も和らいで、リラックスした状態で商談ができると思うんだ」

「なるほど。それぐらいならできるかもしれません」

「そのあと、いつもの調子で商談を始めればいい。君のまじめなところは相手の信頼を得ることにつながる長所だと思う。ただ、その生まじめさが場の雰囲気を硬くしたり、面白みがないという印象につながったりしてしまうとよくないよ」

この例では、リーダーが部下に「商談がうまくいかないのは場の雰囲気のせいなのではないか」という仮説をもとに、改善策をやさしく伝えています。

このように、部下が気づいていないことを伝えられるのが優秀なリーダーです。ただ闇雲に思いついたことを伝えるだけでは、部下は納得してくれません。しっかりと仮説を立てて、それをもとに言葉を組み立てることで、部下が動き出すようになるのです。

「きっかけ」「ヒント」を与える

部下は仕事に対してさまざまな悩みを抱えているはずです。

ただ、部下自身が「もうどうしようもない」と思うような状況でも、一歩踏み出すきっかけやヒントがあれば、彼らは動き出すことができます。

それらを与えることも、リーダーの大切な役目です。

仮説をもとにしたヒントを与えると、「ああ、そうなんだ。そういう方法があるのか」と、部下自身が打開策を見つける可能性が高まります。

「気合いで頑張れ」と背中を押しても部下はなかなか動き出しません。高度経済成長の時代であれば、がむしゃらに努力することでなんらかの成果が出たので、そういう声がけも意味があったのでしょう。

しかし、今の時代はそうではありません。ここまででもお伝えしたように、仮説を立てて、先のことをある程度見通したうえで、仕事を進めなければ結果は出ません。

部下もそれをわかっているので、きちんと自分なりに納得してからでないと、動き出そうとしないのです。

部下が動く仮説、動かない仮説

では、部下が納得できる仮説と、部下が納得できない仮説には、どういう違いがあるのでしょうか。

やはり、ポイントを外したアドバイスでは部下に響きません。それなのに、部下が悩んでいることと、全く違う点をアドバイスしてしまうことはよくあります。

部下の状況をしっかりと見て、今までの自分の経験と照らし合わせつつ、アドバイスする必要があります。

正しいポイントでアドバイスできているのかを確かめる方法はいくつかあります。

一つは、相手の目の動きを観察することです。話をしてみて、目がパッと見開いたときなどは、いいアドバイスができている可能性が高いのです。

逆に、目に動きがない場合、部下はあなたのアドバイスに意味がないと思って聞き流している可能性があります。そういうときは、視点を変えることが必要です。

もう一つ、相手のうなずきからも的確なアドバイスかどうかが汲み取れます。

納得度が高い場合は、相手のうなずきのリズムが速くなります。それにしたがって、言葉のやりとりのスピードも上がってきます。

うなずきのスピードが遅かったり、「うーん」と考え込んだりしたときは、ちょっとポイントから外れているな、と考えてください。

納得してもらうために必要なこと

それでは、部下が納得してくれる仮説とはどのようなものでしょうか。

大前提として、「その部下の特性を踏まえた仮説」である必要があります。何気ない会話のなかで、この部下はどのような考え方をするのか、ということを把握して、仮説づくりに生かしていくことが大切です。

つまり、部下の誰にでも当てはまる仮説というのはありえないのです。一人ひとり仕事の進め方や考え方は違うので、課題や解決法も千差万別です。

部下一人ひとりに対して仮説を立てるのは大変だと思うかもしれません。しかし、部下一人ひとりが力を発揮できるよう導くのがリーダーの最も大切な仕事です。

私は講習などで、プレイングマネジャーにはならずに、部下のマネジメントに集中すべきだと話していますが、それは、部下たちへ細やかな指導が必要だと考えているからです。

「自分事」に落とし込ませる

リーダーは、自分が立てた仮説にしたがって、部下を動かしていかなければなりません。しかし、その際に、部下が自分の想定通りに動いてくれないことがあります。

それは、その仮説を部下が自分事にできていないからです。

リーダーの仮説を自分事に落とし込んでもらうには、リーダーからの問いかけが大切です。

「こういうふうに私は考えているのだけど、どう思う？」

こういった簡単な質問をすれば十分です。

すぐに部下が意見を返せなければ、自分事になっていません。その場合は、少し相手に考える時間を与えることです。

今日わからなければ二、三日考えてもらってもいい。リーダーは焦らずに、部下が答えを見つけるまで待つことが大切です。

時間を与え、仮説を共有できるまで話し合うことで自分事になっていくのです。

「この一言」がいえるか？

また、「こういう方法もあるんじゃないの」という気づきを促す一言を伝えられると、「その手があるな。やってみよう」と部下がどんどん動き出します。

部下を納得させて動かすのは難しいですが、積極的に声がけをしていきましょう。

最初のうちはなかなか響かなくても、部下の反応を見ていくなかで徐々に効果的な一言がいえるようになります。

まずは「ベストかどうかはわからないけど、上司のいうこともわかるから、やってみようかな」と思ってもらえれば、ひとまず合格です。

自己啓発の大家であるデール・カーネギーは、人を動かす原則として次の三つをあげています。

・批判も非難もしない、苦情もいわない
・率直で、誠実な評価を与える
・欲求を起こさせる

まずは、部下の話を聞き、現状を把握すること。そして、そのうえで「やってみよう」と思ってもらえるようなアドバイスを与えるのです。それができれば「部下がなかなか動いてくれない」という悩みは消えていくでしょう。

「これからどうなる？」と問いかけよ

部下にはさまざまなタイプがいます。優秀で頼れる部下ばかりだといいのですが、なかには仕事のやり方がとても場当たり的な部下もいます。

たとえば、私が指導をしている会社にいたD君のケース。D君はその場その場で出たとこ勝負の仕事をしていました。

計画性がなく、仕事を俯瞰することができないので、いつも仕事に追われ、忙しそうにしています。

D君をどのようにマネジメントしていくか、彼の上司が迷っていたので、私は定期的に「これからどうなる？」と問いかけることを提案しました。

場当たり的な仕事をしている人に「そうやって進めると、これからどうなるかな？」と問いかけても、しっかりした返答はないでしょう。つまり、仮説を持たず、先の見通しがないまま仕事をしているのです。これでは、仕事の効率が悪いので、忙しくなってしまって当然です。

D君に限らず、多くの部下は、自分にとって緊急性が高い仕事から片づけていきますから、チームの将来を意識しながら動くという感覚がありません。そこで「これからどうなる？」と問うことで、チーム全体に見通しを持つ意識を浸透させていくのです。

D君の上司は、仕事の報告を受けるたびに、「今後の見通し」を尋ねました。最初はうまく答えられなかったD君ですが、上司が毎回のように聞いてくるので、少しずつ自分なりの答えを持てるようになりました。それに伴い、効率も上がり、計画を立てて仕事を進められるようになっていきました。

今では、D君自身が上司の立場で部下に「問いかけ」をしているそうです。

「これからどうなる？」と問いかければ、当然「この先どんなことが起きるのか。対策はできているのか。準備はできているのか」と考えてくれます。

「今やっている仕事の先には、いったい何があるんだろう」と部下それぞれに考えさせるだけで、チーム内のトラブルを未然に防ぐことができます。これがチームを円滑に動かす秘訣です。「これからどうなる？」と問いかけることで、部下自身の見通す力がついていくのです。

「起こりそうなこと」をあげさせる

部下自身の仮説を聞くのは、もう一つの大きなメリットがあります。上司がマネジメントしやすくなるのです。

部下の見通しを聞くことで、仕事の進捗状況を把握できます。それは上司が仮説を立てるときにも、とても有用な情報になります。

部下の仮説を聞いておけば、次にどういう対応をすればいいのか、どういうアドバイスを与えればいいのかが明確になります。

また、「これからどうなる？」という聞き方には二つの方法があります。

一つは、これから起こりそうなことをどんどんあげてもらう方法です。

たとえば、「○○社との取引だけど、何が起きると思う？」と問いかけ、

「担当者がかなり慎重で交渉が長引きそうだ」
「担当者が変われば、一気に話が進むかもしれない」
「新商品を売り込めば、契約まで持ち込めるかもしれない」

など、できる限りたくさん「起こりそうなこと」を答えてもらいます。そのあと、部下と相談しながら、どれが一番可能性が高いかを考えてみるといいでしょう。これは、まだ経験が浅い部下に対して効果的な聞き方です。

「可能性の高いこと」を深掘りさせる

もう一つは、「○○社との取引だけど、どういうふうに進んでいくと思う？」というように、一つの可能性をとことん深掘りしてもらう方法です。

「担当者がかなり慎重で交渉が長引きそうだ」
↓「複数の会社との競合になる可能性がある」
↓「コンペが行なわれるかもしれない」
↓「値引きや条件の追加をしないといけないかもしれない」

このように、一番可能性の高いことをあげてもらい、そこからどう進んでいくかをどんどん掘り下げてもらうのです。上司はサポート役になって、方向性などの微調整を行なっていきます。

これはキャリアを積んできた人に対して効果的な聞き方です。ある程度先を見通せるようになった部下が、さらに精度の高い仮説を立てられるようになることが目的です。

部下の能力や仕事の内容に応じてこの二つの聞き方を使い分け、部下の「仮説力」を伸ばしていってください。

「二つの聞き方」で部下の仮説を引き出す

①「起こりそうなこと」を答えさせる

経験の浅い部下への聞き方

②「可能性が高いこと」を深掘りさせる

キャリアを積んできた部下への聞き方

部下が求めていることを理解する

部下はさまざまな要望を持っていますが、誰もが共通して持っているのが「すぐ動ける環境をつくってもらいたい」という思いです。

では、部下が動きやすい環境をつくるために、リーダーはどういう点に気をつければいいのでしょうか。

それには、上司が部下に「失敗してもかまわない」ということを伝えるのが効果的です。

よくいわれることではありますが、部下が結果を出したら部下自身の功績、失敗したら上司の責任だと肝に銘じておいてください。

ただ、部下は思いついたことがあっても、多くの場合「こんなこと提案してもいいのだろうか」となかなかいい出してくれません。

その場合は、個別に誰もいない場所で話を聞くようにしましょう。話しやすい場所を用意すれば、何かしら部下からアイデアを引き出せるはずです。

どうしても聞き入れられない場合もあるかと思いますが、基本的には部下の考えを尊重し、「やってみていいよ」と伝えてあげてください。

部下が自分から動こうとすることを阻害してはいけません。やらせてみて、責任はリーダーである自分が取る。この覚悟を持ってください。

「悩み」を引き出すマネジメント

部下は仕事の打開策が見つからずに、アドバイスを必要としていることがあります。今のやり方を続けていてもうまくいかないのは目に見えている、どうしたらいいのだろう、と悩んでいるわけです。

しかし、問題なのは、仕事がうまくいっていないことを部下がなかなか口に出してくれないことです。自分の評価が下がってしまうことを恐れているのです。

部下は打開策のヒントがほしいという気持ちを持っているのに、いい出せていない。なので、上司のほうから働きかける必要があります。

では、どういう声がけで、部下の不安を引き出せばいいのでしょうか。

これは単純に、部下が悩みを話してくれるのを望んでいることを伝えましょう。

「どんな些細なことでもいいからいってくれ。一緒に打開策を考えよう」

このように、常日頃から部下に伝えてみてください。

さらに、自分の経験も織り交ぜると、より部下は話しやすくなります。

「私も入社間もないときに、自分では対処できない問題が起こって、上司にすがるような思いで相談したことがある。そうしたら上司はあっという間に解決に導いてくれたんだ。上の立場だからこそ、できることもある」

ここまでできれば、部下も悩みを打ち明けてくれるでしょう。

誰に重要な仕事を任せるか

どの部下にどの仕事を任せるか、というのは迷うところですが、誰に任せるかを決定するときには二つのポイントがあります。

今まで成果を出してきたかどうか。

または、その仕事を任せることで成長が見込めるかどうか。

この二つのどちらかを満たす部下に仕事を任せていきましょう。それ以外の人には、補佐的な役割を担ってもらいます。

部下のなかには、まずは誰かについて仕事の基本を学ぶ段階の人もいます。そうやって経験を積んでいき、大体全体像が見えてきた段階で、仕事を任せていくべきなのです。

実は、まだ実力が伴っていない人がいることはチームメンバーもわかっています。そういう人にいきなり仕事を振るのは、チームによくない影響があります。

チームのメンバーが「あの人に任せるの？　チームの動きが悪くなるよ」と思い、全体のモチベーションが下がってしまうのです。

つまり、仕事を部下に任せるとき、リーダーがチームのことを本当に考えているのかを見られているわけです。だからこそ、チームの成果に関わる仕事は、先の二つのポイントのどちらかを満たす人に頼むべきなのです。

「押しつけ」は絶対にしてはいけない

そのときに「私のやり方はこうだから、この通りにやれよ」という、押しつけるような物言いをしてはいけません。

多くの部下は、自分なりに工夫しながら仕事をしたいという気持ちがあります。リーダーはその気持ちを理解したうえで、ある程度の裁量を部下に与えなくてはいけません。

一度仕事を任せたら、自分の気配を消すことも必要なのです。

リーダーのなかには、自分が優秀なプレイヤーだったことで、自分のやり方が唯一の正解だと考え、部下に押しつけてしまう人がいます。しかし、これは軋轢を生みますし、チームの動きを鈍らせてしまうのです。

だからこそ、一度任せた仕事に対して、あれこれ口を出さない。部下が成果を出せるように、後方からサポートするようにしてください。

部下が動かない原因は「リーダー自身」にある

「今どきの部下は自分から動かない」などと、若い部下の扱いに困っているリーダーは少なくありません。ただ、私は部下を年齢で一くくりにして判断するのはよくないと思っています。

熱意の差こそあれ、誰もが、本来は仕事を頑張りたいと思っているはずです。若い部下が動いてくれないと感じているのなら、それはむしろリーダーが部下をうまくマネジメントできていないのが原因なのではないでしょうか。

たとえば、仕事を任せるときに「来週の会議用の資料をつくっておいてくれ」などと、仕事内容だけを伝えていないでしょうか。

そうではなくて、「来週の会議用の資料をつくっておいてくれ。前回の資料はわかりやすいと評判だった。今回も頼むよ」などと、期待とともに伝えれば、部下のモチベーションは上がるはずです。

誰もが他人から認められたいと思っています。いわゆる承認欲求です。この気持ちは絶対あるのですから、部下が「頑張ろう」と思えるような声がけをするべきです。「今どきの部下は動かない」といっているリーダーは、自分のマネジメントに問題がないかどうかを見直しましょう。

大切なことは、部下全員をチームの成果のために巻き込み、協力体制をつくることです。

だから、一緒になって考えて、寄り添って前進していこうとする姿勢を見せることが肝心なのです。

成長を促す「目標の立て方」

部下がいい仮説を立てられるように、上司は適切な目標設定をしなくてはなりません。おすすめなのは、ストレッチ目標を設定すること。少し難しい目標を与えてほしいと思います。

部下にとって楽々とこなせるものではなく、ちょっと背伸びをしないと達成できないようなものにしてあげるのです。

それには、部下の成長限界点を見極める必要があります。

成長限界点とは、部下が目指せるぎりぎりのポイントのことです。これをしっかりと認識したうえで、そこを目標ラインに設定します。

数値目標が一〇〇であれば、必ず達成できる部下がいるとします。でも、一一〇では難しい。そのときは、その中間である一〇五が成長限界点になります。この厳しい目標をどう達成するのかを、本人に考えてもらうのです。

部下の今の能力だと、一〇〇までしか達成できないので、プラス五をこなすために、自分自身で仮説を立て、行動計画を組み立てていく必要があります。

ただし、一〇五をクリアできなくても叱責してはいけません。一〇〇をクリアした時点で、自分の能力分の成果は出したということなので、しっかり評価してあげてください。そのうえで、次回一〇五を達成するにはどうすればいいのかを一緒に話し合っていきます。

モチベーションを維持しつつ、次の目標へ向かって意欲を高めさせるのです。

数値化できないときは……

このストレッチ目標には、注意点があります。

それは、数値化できない目標を立てた場合に、その確認がとても難しいということです。

たとえば、売上を前年比一〇五パーセントにするということなら、わかりやすいのですが、顧客満足度を高めるという目標は、達成できているかがわかりづらいのです。

「できました」と部下がいっても、リーダーからしてみれば不十分だと感じることもあるかもしれません。感覚的な要素が入る目標はなかなか達成度合いがわかりにくいものです。

この場合は、認識のズレを生まないように言葉の定義を部下と共有しておきましょう。顧客満足度とは、いったいなんなのか。この点をきちんと明確にしておくことが大切になります。

リーダーと部下で十分に話をして、お互いが納得できる定義を持つのです。

部下のやる気を引き出す「報奨」の出し方

ストレッチ目標を達成した部下には、報奨を用意することも大切です。とはいえ、ボーナスをいくら出す、インセンティブをこれだけつけるというような「お金」だけが報奨とは限りません。

報奨は、仕事と言葉で与えることもできます。

目標を達成した部下には、より重要な仕事を任せていくのです。チーム内で核となる仕事を任せていくことで、仕事の楽しみも感じてくれるようになります。

また、新人には特に言葉をかけてあげると効果があります。

「成果を出してくれたことで、チームにとってこういういい影響があった。これからも期待しているよ」と、具体的にメッセージを伝えるのです。

一方、ある程度キャリアを積んだ人は、言葉だけではなかなかモチベーションも上がらないので、目標を達成したらしっかり形として報奨を与えることを意識してください。

「ポテンシャル」を開花させる

目標を設定してあげることも大切ですが、部下の能力を引き出すことも大切です。

自分本来の能力を発揮できていないチームメンバーは必ずいます。

そういう人は、自分の思考と行動にブレーキをかけて、動けなくなっている場合が多いのです。

能力は低くないのに、なかなか動かない部下がいるときには、「なぜ一歩を踏み出せないのか」と一度考えてみてください。目の前のハードルを一つ越えさせるだけで、見違えるように部下が動いてくれることもあるのです。

私が指導に入っているある会社の話です。

この会社は、さまざまな公共機関の事務や清掃を代行するサービスを事業としています。

私は定期的に、社長から会社の課題を出してもらい、その解決策を一緒に考えていたのですが、ある日、営業部のEさんの様子が心配だから、話を聞いてみてほしいといわれました。

早速Eさんと面談してみると、日々の仕事は最低限なんとかこなしているようでしたが、たしかに、どこか浮かない顔をしていました。

私は、何か悩みがあるのではないかと思い、「何か気になることでもあるの？」と聞いてみました。

するとEさんは、「実は、新規事業のアイデアを思いついたんです。でも、それを提案していいのか迷っています。そのことが頭から離れず、仕事に集中できないときがあります」というのです。

Eさんのアイデアは、新たに個人向けに事業を始めるというものでした。最近、会社に個人のお客さまからの問い合わせが来るようになっているのだそうです。

そこで、Eさんが思いついたのが、家事代行サービスです。共働き世帯が多い昨今、家事を代行してもらいたいというニーズは高まってきているので、新たな事業の柱にできるのではないかというのです。

私は、それを会社に提案してみようとアドバイスしてみました。採用されるかどうかはわかりません。ただ、新規事業について自分なりの考えを持っているというのは、評価されるべきことだと思ったのです。

Eさんは、本当に自分なんかが意見を出してもいいのだろうかと最後まで迷っているようでしたが、実際に提案してみると、なんとすぐに事業の立ちあげが認められたのです。

現在、Eさんは、その事業の立ちあげのため、社内外の調整に走り回っているようです。

リーダーから見て、力を発揮できていないように感じる部下は、案外たくさんいます。しかし、そういう人は、能力が低いわけではありません。心理的なブレーキを外してあげると、自分なりの仮説を立て、どんどん行動に移してくれるようになります。

チームは、個々人が最大のパフォーマンスを発揮することではじめて大きな成果が出ます。ぜひ、部下指導をするときには、部下の迷いをなくせるような声がけを心がけてください。

任せる仕事が見えてくる「三つの輪」

部下に仕事を割り振るとき、役に立つ手法があるのでご紹介しておきます。

アメリカの組織心理学者で、エドガー・シャインという人がいます。

彼が提唱しているのが「三つの輪」という手法です。

仕事には大きく三つのカテゴリーがあり、好きなこと、できること、やるべきことに分けられるというのです。

この手法を活用すると、部下それぞれに、適材適所の仕事を割り振ることが可能になります。

まずは、好きなこととできることの円が交わる部分、ここに注目して、部下の性格と能力を見極めていきます。

たとえば、部下の好きなことが「新しいものに触れること」、できることが「英会話」「データ分析」だったとします。

そして、チームの仕事、つまりやるべきことのなかから、部下の好きなこととできることを両方満たしている仕事を割り振るのです。

「新しいものに触れること」×「英会話」であれば、海外市場の最新情報を資料にまとめてもらう仕事などが最適でしょう。「新しいものに触れること」×「データ分析」であれば、ここ数年のヒット商品の傾向を分析してもらう仕事などが向いています。

好きなことは部下のモチベーションにつながり、できることは仕事の成果の出やすさにつながります。三つの輪をうまく使って、この両方を満たす仕事を割り振れ

「部下に合った仕事」の見つけ方

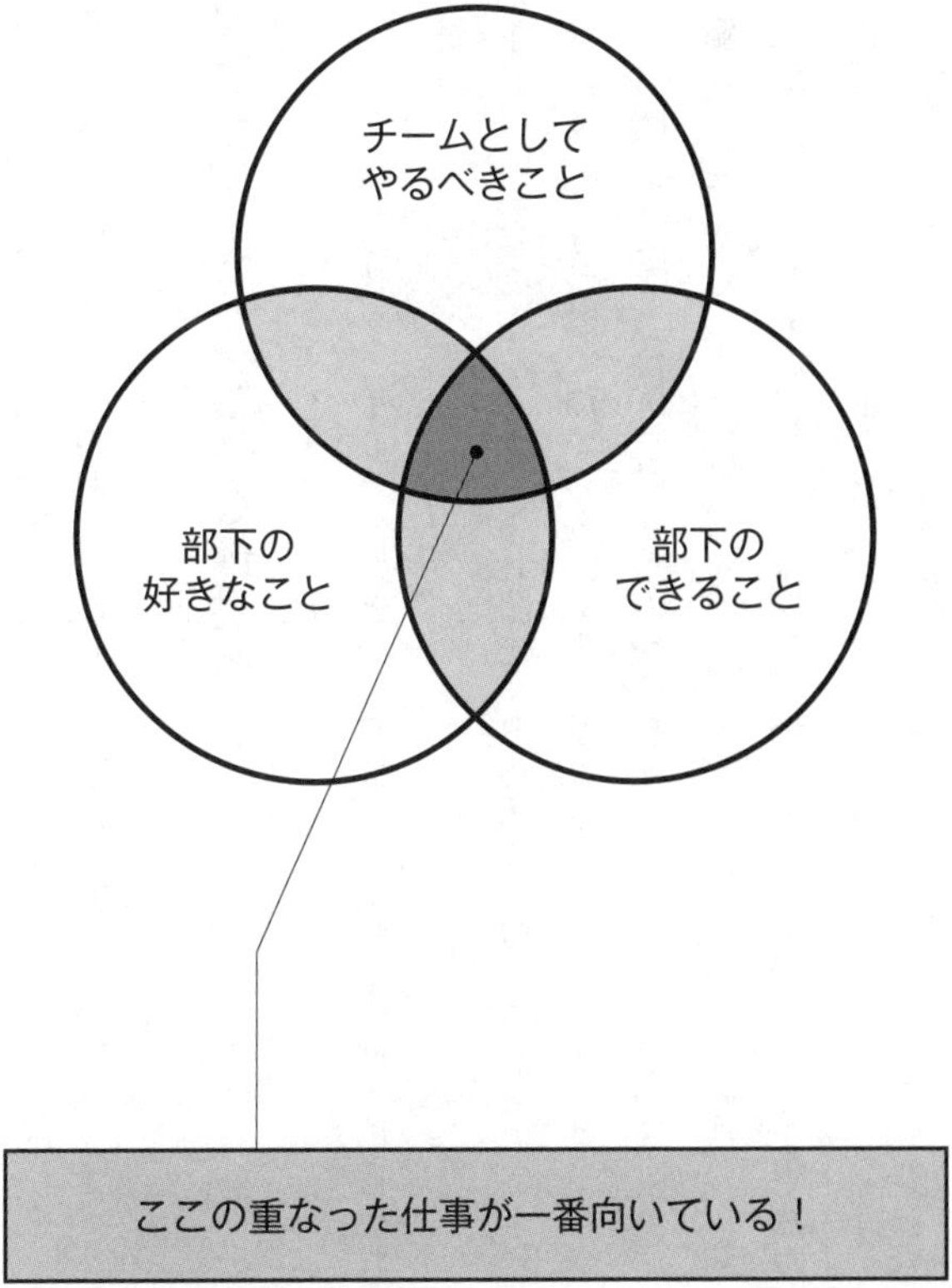

れば、自然と結果が出るようになります。

この方法を使えば、誰に任せるかが明確になり、効率化や能率化が図れます。

「好きなこと」「できること」を任せる

好きな仕事、向いている仕事でやりきったという自信が持てれば、部下の自己肯定感も高まります。

すべての部下に三つの輪の中心にあたる仕事を割り振ることはできませんが、この意識を持っているかどうかで、部下の働きやすさは大きく変わります。部下自身が「どうして上司は自分にこの仕事を任せたのか」を理解しやすくなるので、上司の期待通りの働きをしてくれるようになるのです。

残念ながら、多くのリーダーは、部下の強みもわからないまま、なんとなく目の前の仕事を振り分けている現状があります。そこから脱却し、チームを動かしていくためにも、三つの輪をうまく活用してみてください。

もし、部下の「好きなこと」「できること」がパッと思いつかないなら、本人と相談しながらリストアップしていってもいいでしょう。

「気配りできる人」が一番伸びる

気配りは、仕事をするうえで必須のスキルです。

ビジネスコンサルタントの安田正氏は、気配りができる人は、俯瞰する、共感する、論理を通す、サービス精神を持つ、相手を尊重するという要素をフォローできていると述べています。そして、この能力がある人は結果を出しやすい傾向にあると結論づけています。

これら五つの要素のどの部分が自分に欠けているかに気づき、意識して直していけば誰でも気配りはできるようになります。

ただし、自分はどの力が足りないのかというのは、なかなか見えてこないもの。なので、上司は部下の弱いところを把握し、指導していかなくてはなりません。

部下のなかには、もう一工夫すれば、もっとうまくいくのに惜しいな、と思う人材がいます。ちょっとした工夫で成功できるはずなのに、そこに気がつかない。そういう部下に必要なのが気配りだと私は思っています。

気配り力というのは、どんな人にも必要で、誰もが向上していけるスキルなのです。

「仮説を超える部下」の育て方

気配りが必要なのは、部下だけではありません。上司であるあなた自身も気配り力を発揮して、日々のマネジメントを行なっていく必要があります。

部下の実行力を高めるためには、上司の気配りが欠かせないのです。

あなたの想定以上の成果をあげてほしいのなら、部下の新しい考えや行動が必要不可欠です。あなたの仮説にないことを部下がどんどんやってくれるようになると、思いもよらない最高の結果が得られることもあります。

部下が積極的にチャレンジできるように、「これをやってみたら」と、部下の適性にしたがってチャレンジングな仕事を与えてみましょう。

この仕事をやらせてみたら、彼は能力を発揮するのではないか。

前例はないチャレンジだけれどやらせてみよう。

このように、リーダーなりの仮説にもとづいて、仕事を振り分けてみる。そうすると、リーダーの予想を超えてくる部下を育てることができるのです。

5章

伸びるリーダーの、仕事のビジョンを描く技術

「ビジョン」でチームを動かす！

ビル・ゲイツは、こう述べています。

「成功の秘訣、それは大きなビジョンがあるかどうかだ」

リーダーには、ビジョンを考える時間が絶対に必要です。なぜなら、ビジョンを部下たちと共有することで、チーム全体のまとまりができてくるからです。

「仕事はイメージできるかどうかで決まる」

これは私が常日頃から研修などでリーダーに伝えていることです。イメージできなければ仕事はうまく進みません。

リーダーと部下は共通のイメージを持っていなければなりません。大小問わずどの会社でも経営理念があり、その下にチームのビジョンがあります。経営理念という漠然とした言葉も、リーダーがうまくビジョンに落とし込めれば、部下と共通のイメージを持って仕事ができるようになってきます。

イメージが湧けば、仕事のスピードは上がり、成果も出ます。だからこそ、共通のイメージをチームに浸透させることは、リーダーの大切な役目です。

しかし、私が研修をしていると、キャリアの浅いリーダーから、「いったいどうしたら、チーム全体のビジョンが描けるのでしょうか」と問われることが多いのです。

チームのビジョンは、最初から大きなテーマを考える必要はありません。普段の何気ない活動のなかから探せばいいのです。

たとえば、チーム全体の雰囲気が暗くどんよりとしていれば、最初は明るく活発なチームを目指すという程度のものでもOKです。

そうすれば、チームのミーティングの回数を増やすなどの具体的な改善策が生まれてきます。

まずはこれだけでもいいのです。決して難しく考えないことです。

それができるようになったら、次のステップに進み、ミーティングそのものを活発にするにはどうしたらいいかを考えていきます。

その際には、簡単なルールを決めるのもいいでしょう。ダメ出しする場合は最後の三分間だけにする。ダメ出しは、質問形式にすることでポジティブな解決策が見つかるようにする……などと決めれば、積極的に意見が出てくるようになります。

ちょっとしたテーマからチーム全体で共有していけば、必ずいい効果が生まれます。

「小さなテーマ」から考える

小さなテーマから考えるのにはメリットがあります。部下にも考えてもらいやすくなるのです。

大きなテーマなどなかなか思いつきません。そうではなくて、いつも現場で考えている小さなこと、つまり「こうしたらどうか」という程度のことなら、誰でも思いつくはずです。

その小さなテーマは、よくよく考えてみると枝葉末節の一部でしかないかもしれませんが、進化させていけば、大きなテーマに成長します。

だから、前の項目でもお伝えしたように、まずとっかかりとして、小さなテーマでいいので出してみることが大切です。

ここでいうテーマとは、あくまでも「あなたはこのチームをどうしたいのか」を集約したものです。少し狭めて、「あなたはどうありたいのか、何をやりたいのか」ということでもいいでしょう。

テーマを決め、チームで話し合いながら共有し、それをビジョン化すれば、成果は出やすくなります。水滴を集めて一本の川をつくっていくイメージです。こうやってビジョンをつくれば、メンバー全員にとって「自分事」になるので、指示を出したときにも動いてもらいやすくなります。

たとえば、あなたが営業部のリーダーだとすると、どんなものがいいテーマだといえるのでしょうか。

営業部の場合、やはり売上をテーマにしていくべきです。リーダーはチームの売上目標を個人に割り当てていくと思いますが、それに納得できていない人もいるはずです。

「私は一〇〇だけど、彼は八〇。その根拠はなんだろう」、チームに一人はこう考えている人がいるでしょう。

だから、できる限り納得度の高いテーマを設定する必要があります。

「上が、〇〇万円を稼ぎ出せといっているから、とりあえず、一人ひとりに割り振ってみた。皆頑張ってくれ」では、誰も納得してくれません。

そうではなく、チームとして目標を達成するためのテーマを定め、「どこに力を注ぐか」を明確にするのです。

そうすれば、「あなたの担当地区はこれから伸びが期待できるから目標は一〇〇。彼の担当地区は競合他社が多く入ってきていて、競争が激しいから目標は八〇」などと、根拠のある目標設定ができます。

目標に対して納得感があれば、「期待されている分結果を出そう」と部下も頑張ってくれます。

リーダーがテーマを掲げることで、部下の迷いがなくなるのです。

一ヶ月後、一年後、一〇年後を思い描く

リーダーはただ漠然と仕事を進めるのではなく、自分自身で大きな夢を描かなければなりません。

そのためには数年後の自分の仕事だけではなく、業界全体の動きや世界情勢、さらには科学技術の発展などで現在の仕事がどう変化していくのかを考えておくといいでしょう。

ポイントは二つあります。

一つ目は、今いったい何が起きているのか。

二つ目は、これからどう進みそうか。

今後、テクノロジーは、われわれの仕事を大きく変えていくでしょう。しかし一方で、人にしかできないことやコミュニケーションの大切さが再び脚光を浴びることもあるでしょう。

大きく一〇年を思い描き、この一年でどう変わるか自由に考え、今からやらなければいけない一ヶ月に集中していく。

リーダーは俯瞰して世の中を見る目を持って、しっかりと自らのあるべき姿を考えてみてほしいと思います。

一ヶ月後は自分の行動をイメージする。一年後は会社全体の状況をイメージしてみる。一〇年後は社会の動きをイメージしてみる。

こうやって一ヶ月、一年、一〇年を行き来することができるリーダーは、活躍を続けることができるのです。

「何が変わるか」を予測する

たとえば、あなたが営業部のリーダーなら、まずは一ヶ月後の行動をイメージしましょう。さらに一年後、会社の規模はどうなっているのか、どういう会社になっているのかを考えます。今と同じようなことをしているのか、もう少し規模が大きくなっているのか。大きくなっているのなら、新しい販売ルートを考えることも必要になるかもしれません。

そして一〇年後、社会全体では営業という職種が行なう仕事は大きく変化していく可能性があります。インターネット上の注文販売が主流となるかもしれないからです。その場合は、販売ページのプロモーションが営業の仕事になるでしょう。そうすると、プロモーションスキルを今から学んでおくのがいいかもしれません。

このように、イメージ力を高めておくと、今後必要となるスキルや考え方を見つけ出せるようになります。

決断力は経験から磨かれる

決断力は、これまでの経験から磨かれます。リーダーは、さまざまな経験を積んできた人から選ばれることが多いものです。

メンバーの一人だった頃と比べると、リーダーとして大きな決断を求められるようになります。

チームとして何が必要か、どう進むべきか、という難しい判断を常日頃から求められます。正確な判断をしなければ、メンバー全員を路頭に迷わせてしまうかもしれません。大げさだと思うかもしれませんが、リーダーにはそれぐらいの責任と権限があるのです。

リーダーとなった人に最初にやってほしいのは、メンバー一人ひとりがどのように働いているか。つまり、自分のチームの現状を正しく把握することです。

たとえば、求められていることを理解し、優先順位を組み立てながら働いているベテラン組。対照的に、仕事の進め方、重要度がわからないまま目の前の仕事に打ち込んでいる新人。

しっかりと人物観察をして、個々人の仕事の進め方を見ていくのです。

一メンバーであったときは、自分のことだけ考えていればよかったと思いますが、リーダーになるとメンバーとともにいかに成果を出せるかが問われます。

メンバー一人ひとりの適性を考えながら、決断を繰り返します。きちんと部下を見たうえでの判断であれば、部下もついてきてくれるはずです。

「何をするか」を常に考える

私はある財団の研修をもう九年も続けています。

私が任されているのは、本部スタッフと各地区の運営スタッフの指導研修です。

最初はどんな研修が求められているかがわからず、担当者と何度も打ち合わせをしながら少しずつ内容を詰めていきました。

しかし、研修を二、三年もやっていると、スタッフの仕事の進め方や悩みがだんだんとわかるようになってきました。

今では、新しいテーマで研修をお願いされても、何をすべきかが頭に浮かぶようになりました。すると、私の提案はどんどん通るようになったのです。

財団の問題は、若いスタッフとベテランのスタッフの考え方のズレにありました。

しかも、スタッフ同士で接する機会が少なく、そうした問題について話し合いができていませんでした。

個人個人が勝手な考えで動くので、チームが分断されてしまい、まとまりがなかったのです。

そこで、思いきって、横のつながりをつくる研修を提案しました。財団の担当者は、スタッフ間の関係に問題はないという認識だったので、私の提案に驚いていました。ただ、私が「横のつながりをつくれば、仕事上のトラブルが一気に減る」という仮説を伝えると、乗り気になってくれました。

そして研修は大成功。チームワークが強まって、仕事が円滑に進むようになり、スタッフの皆さんから感謝の声をもらうことができました。

私はスタッフを観察し、依頼主の方針を見据えていたからこそ、研修内容を決断することができたのです。

これは、リーダーでも同じことです。

リーダーとしての経験を積んでいくと、こういう問題があってこう直さなくてはいけない、と仮説にもとづいて決断できるようになっていきます。

そして、決断のスピードもどんどん上がっていきます。

経験を積むことで、効果的な決断ができるようになるのです。日々の仕事をしっかりとやりながらも、ビジョンを持って、チームの方向性を見失わないようにしてください。

自分のビジョンを人に語ってみる

どうなりたいのか、そのためにどうしたいのかということは、常日頃人に語っておいたほうがいいでしょう。自分のビジョンを話すとなると、気が引けるかもしれませんが、言葉にしておいたほうが、強く印象づけられるようになります。

こうありたいという理想は、どんなリーダーでも持っているに違いありません。自分自身の心から出たビジョンは、未来を切りひらくのに非常に役に立ちます。

私自身、四〇歳になった時点で、五〇歳で独立しようと思い立ちました。大きな組織にいて、内部で評価されていても、自分の仕事が社会的に役に立っているという実感がなかなか湧かなくなっていたからです。

自分の仕事がダイレクトに社会の役に立っているという実感がほしかったのです。

このことを私は親しい友人に意識して話すようにしました。そうすることで、自分のなかでこのビジョンが確固たるものになっていきました。

「気心の知れた人」に伝える

ビジョンを話すのは、意識づけをすることと、わくわくする気持ちを呼び起こすことが目的です。

なので、「そんな現実的ではない話をしてどうするんだ」と、後ろ向きな反応を返してくる人に話してはいけません。ビジョンが揺らぐからです。

会社の人に話すのも避けたほうがいいでしょう。足を引っ張ろうとしたり、話を真剣に聞いてくれなかったりする人もいるかもしれません。

だから、私は親しい友人に話すことをすすめたいのです。素直に話を聞いてもらえますし、また、違う立場からの視点でアドバイスをもらえる可能性もあります。

さらに、他人に話すメリットがもう一つあります。それは、自分の頭のなかが整理されるということです。

同じビジョンを語り続けることで、より明確に未来予想図が描けるようになっていきます。

チームのビジョンも大切ですが、自分自身のビジョンを持っているリーダーは、仕事でもブレることがなく、前に進んでいくことができるようになります。

ビジョンを固める〝二つの情報〟

ビジョンを持つには、材料となる情報が不可欠です。具体的な情報収集法については、1章でご紹介したので、ここでは、ビジョンを描く際にどうやって情報を活用すればいいのかを見ていきます。

情報には次の二つがあります。

一つ目は、選択肢を探し出すための情報。

二つ目は、比較検討するための情報。

たとえば、自分の一〇年後の姿を思い描くときに、一〇歳年上の上司の様子などは、選択肢を探すための情報だといえるでしょう。

一方、会社の業績や業界の動きなどは、選択肢のなかからどれを目指すべきかを比較検討するための情報だといえます。

つまり、情報には、思考を拡散させていくためのものと、一つに収束させていくためのものがあるのです。

こういう意識を持っておくと、ある情報を手にしたときに、どう活用するかがすぐにわかるようになります。

集めた情報を上手に活用して、強固なビジョンを描き出してほしいと思います。

できる上司のフィードバック法

上司が思い描いたビジョンを実現させていくには、部下の成長が不可欠です。そして、部下の成長に直結するのが、上司からのフィードバックです。

できる上司はフィードバックがうまいとはよくいわれることですが、実際にどういうふうに行なえば、部下の成長を促すことができるのでしょうか。

チーム全体の雰囲気がよく、全員が元気ではつらつと働いてくれれば何も問題はないのですが、現実はそう簡単にいきません。

成績がよく元気で明るい部下、なんとなく全体のムードに流される部下、目標が達成できず落ち込んだ部下などさまざまです。

このような部下を目の当たりにしたリーダーは、果たしてどのようにマネジメントすべきなのでしょうか。

ポイントはリーダーが観察力を発揮して、一人ひとりの心理状態をつぶさに見ることです。目標達成ができず落ち込んでいる部下は、リーダーを避けがちになります。そうなると、リーダーとのつながりが弱くなり、ますます目標達成から遠のいてしまいます。

そこで、リーダーは、部下たちへ積極的にフィードバックをしてあげることが大切です。

部下が何か困り事を抱えているとき、行動のよし悪しを知りたいときなど、さまざまな場面でフィードバックは必要になります。

フィードバックを繰り返すことで、部下との信頼関係は強まりますし、部下の行動も改善されていきます。

リーダーの客観的なフィードバックはいい変化をもたらすのです。

できていること、できていないこと、その両面をしっかりとフィードバックしてあげることで部下の迷いは消えていき、行動につながります。

フィードバックこそが、部下の次の一歩につながる糸口になります。少しでも部下の気持ちに寄り添いましょう。

メモを使って「フィードバック」

おすすめなのは、メモでフィードバックをすることです。3章では、メモでホウレンソウをしてもらう方法をご紹介しましたが、フィードバックの際にもメモは役立ちます。メモを使って、部下にメッセージを送るのです。

フィードバックは必ず面と向かってやらなくてはいけないという決まりはありません。上司と部下の時間が合わないことはよくあります。すれ違ってしまう部下も仕事をしていれば必ず出てくるでしょう。

そんなときに、メモを一枚使って、「〇〇の件は、とてもいい動きをしてくれた。△△の件は、君の思うように動いていいよ」といった具合に、コミュニケーションを取ってあげると、部下との関係は強固なものになっていきます。

厳しい言葉を使うこともあるかもしれませんが、メモを使えば、他のメンバーに聞かれることもありません。

相手の時間も自分の時間も消耗しないのが、メモを使ったフィードバック法です。

これなら、コミュニケーションが苦手なリーダーも、うまくフィードバックができます。ぜひ試してみてください。

タイプ別「伝える技術」

フィードバックの際には「伝え方」を考えなくてはなりません。どんなに部下のためになる内容だったとしても、相手に響かなくては意味がなくなってしまいます。私は、部下を五つのタイプに分類し、タイプ別に伝え方を変えるようにしています。どんな部下にも響く万能の伝え方というものは存在しないからです。

リーダーは相手のタイプを見極めて、一番響く伝え方ができるように工夫していく必要があるのです。

◉批判的な部下

上司や同僚がアイデアを出したとき、「それは理想論であって、実行できないでしょう」などと、批判的な発言をしがちな部下がいます。

こういうタイプの部下は、感情的になりやすい傾向があるので、リーダーは同じ土俵に上がるべきではありません。

まず、冷静に話せる雰囲気をつくるために「今の仕事について気になることを話してみてくれないか。一つひとつ検証してみよう」と伝えます。大事なのは、部下の話にじっくりと耳を傾け、一度受け止めてあげること。

話を聞き終えたら、「今日はありがとう。素直な意見が聞けてよかった」といったん場を収め、時間を置きましょう。

ある程度の時間を置いたら、再度話し合いをし、あなたの意見を伝えます。時間を置くことで、部下に対して、「あなたの話を受け止めたうえで話しているんだ」というメッセージを伝えることができます。

◉協調的な部下

自己主張をあまりせず、決まったことを淡々と実行するタイプの部下がいます。

ガッガッと前に進んでいくタイプではありませんが、仕事を確実に進める縁の下の力持ちになってくれる人です。

このタイプの部下には、まず、献身的なサポートに対して感謝を伝えましょう。「目立たない仕事が多いかもしれないが、私はちゃんと評価しているよ」ということをわかってもらうのです。

ただ、リーダーとしては、協調的な部下に対して、ちょっと物足りないと感じてしまう部分もあるかもしれません。

その場合は、「君はそつなく仕事を進められるし、これからは先頭に立ってやってもらう仕事も増やしていきたいと思う」と伝えます。

頑張りや気遣いに感謝を示しながら、少しずつでも自分なりの意見を持って仕事に取り組める人へ成長していけるような声がけをするのです。

◉客観的に考える部下

「この仮説を裏づける数字はありますか?」「もっとデータを集めるべきでしょう」などと、客観的な情報を重視するタイプの部下がいます。

このタイプには、データ、数値などを示しながら話を進めると納得してもらいやすくなります。

「こうするともっとよくなるよ」とただ改善点を伝えるのではなく、「これをやっている人は皆一〇パーセントほど数字が上がっているんだ。君も取り入れてみたらどうかな」などと、事例もあげてフィードバックするといいでしょう。

◉ムードメーカーな部下

ムードメーカーは、どこのチームにも一人はいます。

明るく元気な雰囲気をつくってくれるありがたい存在で、チームの士気が上がらない場合にも期待したい存在です。

こういうタイプは、空気が読める人です。自分がチームの雰囲気をつくっていることもわかっているはずです。

だから、「チームを変えていくためにも、まずは君からここを改善してほしい」と伝えることで、素直に聞き入れてくれる可能性が高くなります。

◉自己主張の強い部下

部下であるにもかかわらず、何かと上から目線で意見をしてくる部下がいます。

こういう部下には、自分がリーダーになったときのことをイメージさせながらフィードバックするのが効果的です。

たとえば、「君がもしリーダーの立場だったら、このチームの仕事をどのように変えていく？ ぜひ聞かせてくれないか」といって、チームの改善点をあげてもらうのです。

そのなかで、フィードバックしたい内容に近い話が出てきたらすかさず、「たしかにそれは大切だね。チーム全体が変えるべきことかもしれない。まずは、私と君から実行してみないか」と問いかけるのです。

また、フィードバックの最後には、「参考になった」ということを伝えてあげてください。自己主張の強さは、自分を受け止めてほしいというメッセージでもあります。

以上、五つのタイプの傾向と、効果的なフィードバック法をお話ししました。

五つのタイプ別「フィードバック法」

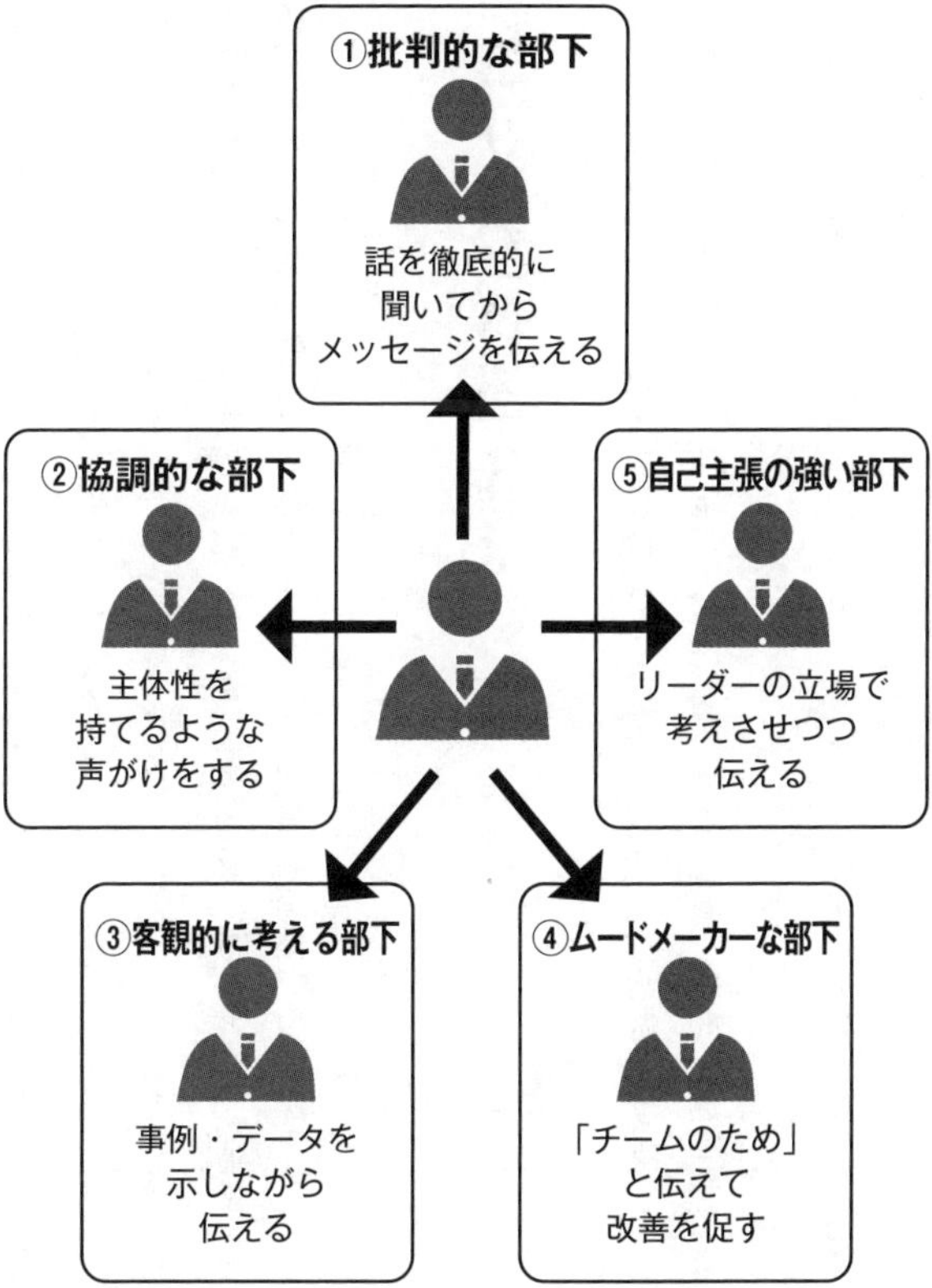

もちろん五つのタイプの複合系もあると思いますが、その場合はより傾向が強く出ているタイプに分類して判断し、対応してください。

それがダメなら第二候補のタイプで、というように、柔軟に対応していきましょう。部下との関係は、チームの雰囲気に大きな影響を与えます。単なる仲よしチームになる必要はありませんが、部下との絆をつくり、信頼関係でつながるチームをつくってください。

仮説に飛び込む「勇気」を持て

ここまでで、仮説の重要性は十分に認識していただけたものと思います。

あなた自身が仮説を駆使して、仕事、人生において有意義な時間を過ごしてもらいたいと思います。

ただ、せっかく仮説を立てたのに、「本当にその通りになるかが不安で行動に移せない」という人がいます。

私の研修でも「いい仮説ができましたね。早速明日から仕事に生かしてください」と声がけすると、「でも実際うまくいくかはわからないので……」などと尻込みする人は多いです。

仮説とは、あくまで推論でしかありません。なので、間違っているかもしれないと恐れているのでしょう。

しかし、物事はやってみないとわからないものです。一度、動いてみなければ、何も結論は出ません。

正確にまっすぐ飛んでいるように見えるロケットでさえ、地球から多くの人が数限りない制御を加えているのです。

だから、恐れることなく一度試してみてください。

失敗はあるかもしれません。しかし、その失敗の原因を検証し、修正案を考え、新しい仮説を実践する、というのを繰り返すことでしか成果は生まれません。正解のない世界で私たちは仕事をしているので、最適、最善を目指すしかないのです。

どんな成功者も、失敗を生かして大きな結果を得てきました。

仮説を実践することに不安を感じる気持ちはわかりますが、実際に一歩踏み出すことによって、「こうすればいいのか」という発見ができるのです。

それに、実際行動に移してみればわかりますが、仮説にもとづいてチームを動かすと、驚くほど仕事がスムーズになります。

こうしたメリットも、実践してみることでしか感じることができません。まずは「ちょっと試してみよう」くらいの気軽な気持ちで取り組んでもらえればと思います。

正解を見つける人から、正解をつくる人へ

ビジネスでは、正解を見つけるのではなく、正解をつくっていくという意識を持ってほしいと思います。「これが絶対」というような正解はないので、自分で仮説をつくり、それを正解にしていくしかないからです。ステップを踏み、仮説検証を繰り返すことで、自分が本当にほしい結果が得られるのです。

誰に聞いても、一〇〇パーセントの正解はわかりません。あなたが仮説を実践し、

なんらかの結論を出すしかないのです。

勇気を持って仮説にもとづいて仕事を進めてみてください。間違っていたら、修正すればいいのです。

これから、時代の変化のスピードはさらに速まっていくでしょう。これまでの常識が通用する場面はどんどん少なくなっていきます。

そんな状況でも、目標に向けて一丸となって走り出せるチームをつくるためにも、リーダーであるあなたが仮説を使って、チームを動かしていってください。

（了）

本書は、小社より刊行した単行本を文庫化したものです。

阿比留眞二（あびる・しんじ）
課題解決コンサルタント®。株式会社ビズソル代表取締役。
1954年、東京・中野生まれ。明治大学商学部卒業後、花王石鹸株式会社（現・花王株式会社）入社。以後、26年間、管理部門、販売・企画部門、社員教育部門などに配属され、そこで培った経験をもとに、独自のビジネス・メソッドを作り上げる。2005年、株式会社ビズソルネッツ（現・株式会社ビズソル）を立ち上げ、「課題解決コンサルタント」として、そのメソッドを駆使し、さまざまな企業の経営者から幹部・幹部候補社員、新入社員まで、これまでのべ8000人を指導。特にリーダー層向けの研修では、目標達成のための合理的な思考力、判断力、実行力、コミュニケーション力が身につくと好評を博している。
著書に『最高のリーダーは、チームの仕事をシンプルにする』（三笠書房）、『紙1枚で仕事の課題はすべて解決する』（ワニブックス）などがある。

知的生きかた文庫

最高《さいこう》のリーダーは、この「仮説《かせつ》」でチームを動《うご》かす

著　者　阿《あ》比《び》留《る》眞二《しんじ》
発行者　押鐘太陽
発行所　株式会社三笠書房
〒一〇二-〇〇七二　東京都千代田区飯田橋三-三-一
電話〇三-五二二六-五七三四〈営業部〉
〇三-五二二六-五七三一〈編集部〉
https://www.mikasashobo.co.jp
印刷　誠宏印刷
製本　若林製本工場

ISBN978-4-8379-8791-8 C0130

知的生きかた文庫

仕事も人間関係もうまくいく放っておく力

枡野俊明

いちいち気にしない。反応しない。関わらない――。わずらわしいことを最小限に抑えて、人生をより楽しく、快適に、健やかに生きるための、99のヒント。

超訳　孫子の兵法「最後に勝つ人」の絶対ルール

田口佳史

ライバルとの競争、取引先との交渉、トラブルへの対処……孫子を知れば、「駆け引き」と「段取り」に圧倒的に強くなる！ビジネスマン必読の書！

最高のリーダーは、チームの仕事をシンプルにする

阿比留眞二

すべてを〝単純・明快〟に――花王で開発され、著者が独自の改良を重ねた「課題解決メソッド」を紹介。この「選択と集中」マネジメントがあなたのチームを変える！

渋沢栄一　うまくいく人の考え方

渋沢栄一［著］
竹内　均［編・解説］

日本近代経済の父といわれた渋沢栄一による、中国古典『論語』の人生への活かし方。名著『実験論語処世談』が現代語訳でよみがえる！　ドラッカーも絶賛の渋沢哲学!!

気にしない練習

名取芳彦

「気にしない人」になるには、ちょっとした練習が必要。仏教的な視点から、うつうつ、イライラ、クヨクヨを〝放念する〟心のトレーニング法を紹介します。

C50452